世界名人名传 　｜　主编 柳鸣九

[美] 海伦·凯勒 著

方华文 译

海伦·凯勒自传

Autobiography

HELEN

KELLER /

河南文艺出版社

· 郑州 ·

图书在版编目（CIP）数据

海伦·凯勒自传/（美）海伦·凯勒著；方华文
译. —郑州：河南文艺出版社，2019.5
（世界名人名传/柳鸣九主编）
ISBN 978-7-5559-0702-2

Ⅰ.①海…　Ⅱ.①海…②方…　Ⅲ.①凯勒〈Kel-
ler,Hellen 1880-1968）-自传　Ⅳ.①K837.127＝533

中国版本图书馆 CIP 数据核字（2019）第 000532 号

出版发行　河南文艺出版社
本社地址　郑州市郑东新区祥盛街 27 号 C 座 5 楼
邮政编码　450018
承印单位　河南瑞之光印刷股份有限公司
经销单位　新华书店
纸张规格　890 毫米×1240 毫米　1/32
印　　张　5.625
字　　数　98 000
版　　次　2019 年 5 月第 1 版
印　　次　2019 年 5 月第 1 次印刷
定　　价　28.00 元

印厂地址　河南省武陟县产业集聚区东区（詹店镇）泰安路
邮政编码　454950　　电话　0391-2527860

译本序

　　眼前一片黑暗，没有一丝亮光，而且永远也不会有亮光；耳旁一片沉寂，一点声音也没有，而且永远也不会有声音。如果身处这种环境，你会感到害怕，感到绝望吗？本书作者海伦·凯勒一岁半时患病失明失聪，再也无法欣赏这个色彩斑斓的世界，再也听不见美妙的音乐和百鸟的啁啾，生活似乎对她已没有了任何意义。但奇迹发生了——那是她在老师莎莉文小姐帮助下创造的奇迹！她那不屈不挠的精神以及辉煌的业绩令人们赞叹不已。就连著名作家马克·吐温也非常敬重她，曾经说道："十九世纪有两个奇人，一个是拿破仑，一个就是海伦·凯勒。拿破仑试图用暴力征服世界，他失败了；海伦·凯勒用笔征服世界，她成功了。"卓别林也很欣赏她，说道："海伦·凯勒的身体不是自由的，但她的心灵却是无比自由的。"美国《时代周刊》的评价是:"海伦·凯勒被评为二十世纪美国的十大偶像之一是当之无愧的,《假如给我三天光明》是伟大的经历和平凡的故事完美之结合。海伦·凯勒堪称人类意志力的伟大偶像。"

海伦·凯勒(1880年6月27日—1968年6月1日)出生于亚拉巴马州北部的塔斯坎比亚小镇。她的童年有五年多的时间是在黑暗和沉寂中度过的。1887年3月3日对海伦来说是个极重要的日子。这一天,家里为她请来了一位教师——安妮·莎莉文小姐。正是此人将向她揭示事物的奥秘,更为重要的是,将给她带来爱。老师在来后的第二天早晨,便给了她一个洋娃娃,在她的手掌上一笔一画拼写了"洋娃娃"这几个字,她立刻对这种手指游戏产生了兴趣。莎莉文老师跟海伦·凯勒很投缘,她们认识没有几天就相处融洽了。海伦·凯勒从老师那里学会了认字,还学会了与别人沟通。

在学习与记忆的过程中,她只有一个信念:一定要把自己所学习的知识记下来,使自己成为一个有用的人。她每天坚持学习十个小时以上,经过长时间的刻苦学习,掌握了大量的知识,能熟练地背诵大量的诗词和名著的精彩片段。到后来,一本二十万字的书,她用九个小时就能读完,并能记下来,说出每章每节的大意,还能把书中精彩的句、段、章节和自己对文章的独到见解在两小时之内写出来。海伦的记忆力已经大大超过了普通人的正常水平。据说，在哈佛大学读书的一个博士生听到她的事迹后，很不服气，决定要和她比个高低。在严格的时间规定和教员的监督之下，他们进行了三轮比赛，结果博士生输了。他摘下博士帽，恭恭敬敬地戴在海伦的头上，表示对她的敬佩与尊敬。

海伦·凯勒有眼不能看，有耳听不见，但她的一颗心却无比坚强，心房里阳光灿烂。她渴望亲近大自然，跟老师一道到海边去感受海涛那惊天动地的力量，到瀑布跟前去"领略"那壮观的景象。她还参观了世界博览会，让小时候的许多幻想都变成了美妙的现实。小时候，她经常幻想着自己周游世界，看到了许多遥远国度的奇珍异宝。里面有各国人民用智慧创造的瑰宝，也有工匠大师以高超的技艺雕琢出的工艺品。而在博览会上，这些宝贝就摆在她的面前，主办方还允许她用手指去触摸。

海伦一直有一个大学梦，声称自己一定要考入哈佛大学。后经过不懈努力通过了入学考试，于1900年的秋天进入了哈佛的德克利夫学院。头一学年她修的课程有法文、德文、历史、英文写作和英国文学。法文方面，她读了高乃依、莫里哀、拉辛、阿尔弗雷德·德·缪塞和圣伯夫等名家的作品；德文方面读了歌德和席勒的作品。大学的第二年，她修的课程包括英文写作、英国文学、圣经(作为英文写作的材料)、美洲和欧洲的政府制度、古罗马诗人贺拉斯的抒情诗和拉丁喜剧等。在进入德克利夫学院以前,她把大学生活想象得十分浪漫,入校后这浪漫的光环便消失了——她从浪漫主义者转变成了现实主义者。在这一转变过程之中,她学到了许多东西,而这些知识在校外是无法获得的。她所学到的宝贵经验之一就是耐心——求知应该像在乡村散步一样,从容不迫,悠闲自得,具有海纳百川的胸怀,致力于研读诸子百家。她认为有了知识(广博而精深的知识),就可以分辨真伪、识别崇高与低俗;就掌握了标志着人类进步的种种伟大思想和辉煌业绩,就是摸到了有史以来人类活动的脉搏。如果一个人不能从这种脉搏中体会到人类崇高的愿望,那他就不会知道什么才是和谐、美满的生活!

海伦嗜书如命,不仅仅是因为从中可以获得读书人所能享受到的那种愉悦和智慧,也是为了寻求别人通过视听便能获得的知识。1887年5月,她第一次读一篇完整的短篇小说,那时她才七岁。之后,她便如饥似渴、手不释卷地阅读。起初,她只有几本凸字版书籍——一本初级版的《读者》、一套儿童故事书和一本《我们的世界》(介绍地球的书)。她把这些书读了一遍又一遍,后来书上的凸字磨损严重,几乎都无法辨认了。有时候,莎莉文小姐读给她听,把故事和诗歌写在她的手上。她最喜欢读的书有《小爵爷方特勒罗伊》、《希腊英雄》、拉封丹的《寓言诗》、霍桑的《奇书》和《故事新编》、兰姆的《莎士比亚故事集》、狄更斯的《儿童本英国历史》，还有《天方夜谭》《瑞士家庭鲁滨孙》《天路历程》《鲁滨孙漂流记》《小妇人》和《海蒂》等。文学是她理想的乐园，在这个乐园里，她自由自在、无拘无束、毫无障碍地跟书中的人物进行甜蜜、亲切的交流，双方没有芥蒂，没有尴尬。

1904 年 6 月，海伦以优异的成绩从德克利夫学院毕业。两年后，她被任命为马萨诸塞州盲人委员会主席，开始了为盲人服务的社会工作。她每天都接待来访的盲人，还要回复雪片一样飞来的信件。后来，她又在全美巡回演讲，为促进聋盲人教育计划和治疗计划的实施而奔波。到了 1921 年，美国盲人基金会民间组织终于成立了。海伦是这个组织的领导人之一，她一直为基金会的工作而努力。在繁忙的工作中，她始终没有放下手中的笔，先后完成了十四部著作。她的《我的人生故事》《石墙之歌》《走出黑暗》《乐观》等，都产生了世界范围的影响。

海伦于 1924 年成立海伦·凯勒基金会，并加入美国盲人基金会。1946 年任美国全球盲人基金会国际关系顾问，并开始周游世界，共访问了三十五个国家。她尽力争取在世界各地兴建盲人学校，并常去医院探望病人，与他们分享她的经历，帮助他们树立信心。1953年美国上映关于她生活和工作的纪录片《不可征服的人》。1959年联合国发起"海伦·凯勒"世界运动。1964年她荣获总统自由勋章。

翻译完这部书，我心里久久无法平静，为海伦·凯勒的精神所深深感动。那该是什么样的一种意志啊，不是钢铁但胜过钢铁！永久的黑暗以及沉寂没有摧毁她，反而成了她不断进取的动力——她的学识胜过大多数学者，她那精彩的著作胜过大多数文学作品（因为它们能给人以更多的鼓舞和启迪，更能揭示"真善美"的内涵）。残疾实属不幸，但如果能奋发图强，便可以通过自己的努力将"不幸"转为"幸福"。愿天下残疾人以海伦·凯勒为榜样自强不息，获得自己的那一份幸福。海伦·凯勒告诉我们：对于物质的追求应该适可而止，而对于精神的追求则要永不止步。是啊，只有精神丰富、意志坚定的人才能够勇往直前，才能步入一个真正美好的世界。这就是海伦·凯勒赠送给我们的一份厚礼！

方华文

2017年5月22日

作于苏州大学

目 录

第一篇　我的人生故事

第一章　初临人间，失聪失明

我拿起笔来写自己的人生经历，心里总感到忐忑。我的童年罩着一团团金色的迷雾，要揭开那一道道人生的帷幕，难免会有几分踌躇。写自传乃使命，但千难万难。悠悠岁月犹如一条纽带将过去与现在连接在一起，梳理童年时发生的事件，事实和幻想是那般相像，难以分辨。一个成年人回首往事，写一段童年时的经历，有很多靠的是想象。早年的生活已朦胧模糊，只有几个片段仍清晰可辨，"其余隐没在黑暗的囚室里"①。童年时的欢乐和痛苦如今已不再鲜明，早年学习生涯中发生的重大事件多已淡忘，被一次次伟大发现所激起的澎湃激情所淹没。秉笔写自传，当删繁就简，我将以粗线条勾勒我的童年，只选我自认为最有趣、最

---

① 这一诗句取自英国湖畔诗人华兹华斯的诗作《颂诗：不朽的暗示》。

重要的铺陈如下。

1880 年 6 月 27 日，我出生在亚拉巴马北部的塔斯坎比亚小镇。

我父亲一家是瑞士移民，第一个来美国的祖先叫卡斯帕·凯勒，定居于马里兰州。最值得一提的是，我的瑞士祖辈中竟有一位是苏黎世聋哑教育的开拓者，并针对聋哑教育写过专著。他万万没想到自己的后人竟然会有一个是聋哑人，我也没料想我有一个祖先是聋哑教育的专家。

我的祖父（卡斯帕·凯勒）在亚拉巴马购置了大片土地，最后在此安家落户。据说，他每年都要骑马从塔斯坎比亚小镇跑一趟费城，购买农具等物品，途中写一封封家书回来，描述自己的见闻，写得生动、有趣，有许多我姑姑至今还保留着。

我的祖母凯勒是拉法耶特[①]的副官亚历山大·穆尔的女儿，其祖父亚历山大·斯波茨伍德是弗吉尼亚早期殖民地时期的殖民总督。她还和罗伯特·爱德华·李[②]是第二代表兄妹。

家父亚瑟·凯勒曾是南北战争时的南军上尉，家母凯

[①] 法国大革命时期君主立宪派代表人物。早年参加美国独立战争。1789 年作为贵族等级代表参加三级会议，起草《人权宣言》。

[②] 罗伯特·爱德华·李在美国南北战争中任南部同盟军总司令。

特·亚当斯是他的第二任妻子,比家父小好多岁。家母的祖父本杰明·亚当斯娶苏珊娜·伊·古德休,在马萨诸塞州的纽伯里居住多年。他们的儿子查尔斯·亚当斯出生在该州的纽伯里波特,后移居阿肯色州的海伦娜城。内战爆发时,查尔斯为南方而战,后升任准将。他娶妻露西·海伦·埃弗里特,她与爱德华·埃弗里特[1]及爱德华·埃弗雷特·希尔博士[2]同属于一个家族。内战结束后,查尔斯夫妇搬到了田纳西州的孟菲斯城居住。

我们家很小,只有一幢四方形的正屋和一所仆人住的小偏房。后来,就是在这里一场病夺去了我的视力和听觉。南方人有一种习惯,喜欢在主宅院旁边加盖一幢小屋子,以备不时之需。内战结束后,家父也盖了一幢这样的小屋,和家母结婚后就住在里边。屋顶上爬满了葡萄蔓、月季藤以及忍冬藤。从园子里望去,那儿就像是一个藤缠蔓绕的凉亭。小屋的阳台也隐藏于花丛之中,有黄色的玫瑰花,也有南国百合花,是鸟儿和蜜蜂喜欢光顾的地方。

凯勒家族居住的主宅距离我们家的"凉亭"仅几步之遥。我们的这个小安乐窝旁树影婆娑,栅栏墙上爬满了常

---

① 美国政治家,曾任马萨诸塞州州长(1836—1840)、哈佛大学校长(1846—1849)和美国国务卿(1852—1854)。
② 美国唯一神教派牧师和作家,受欢迎的讲演者,有影响力的自由主义改革家。

春藤，满眼翠绿，因而取名"绿色家园"。这儿有一座老式花园，此为我童年时代的天堂。

我的老师没有来的那段时光，我经常独自徜徉于花园中，沿着硬硬的黄杨木扎成的四方形篱笆摸索前行，靠嗅觉寻找那初开的紫罗兰和百合花。有时心情欠佳，我也会来这儿寻求心灵的慰藉，将滚烫的脸凑在凉爽的树叶和青草上，与花木为伴。在这鲜花盛开的园中，我乐而忘忧，怀着喜悦的心情从一处走到另一处。如果突然接触到葡萄树，摸一摸树上的枝叶和果实，我立刻就能认得出来，知道它就是花园尽头的那棵树，其藤蔓将那个摇摇欲坠的凉棚遮得严严实实！园中还有枝叶茂盛的铁线莲、低垂的茉莉以及一种叫作"蝴蝶百合花"的十分罕见的花（这种花的花瓣娇艳欲滴，像蝴蝶的翅膀，因而得名）。然而，最可爱的莫过于那一朵朵美丽的蔷薇花。到了北方，虽也有花房，但再也见不到我南方家中的这种处处盛开、令人心旷神怡的蔷薇花了。有的蔷薇爬上游廊，结成长长的花带从游廊顶垂下，浓郁的花香弥漫在空中——那是一种没有被尘世间浊气所污染过的香气。清晨，蔷薇花挂着晶莹的露珠，那样的娇嫩，那样的清纯，让人禁不住会觉得它们仿佛就是上帝御花园里的圣花。

我的人生拉开序幕时简简单单，跟各家各户的孩子别无两样。一旦呱呱落地,我作为头胎便凝聚了全家人的希望。为了给我起名,大家争论不休。我是家里的第一个孩子,在起名的问题上绝不可等闲视之,于是每个人都各抒己见。家父建议叫我"米尔德丽德·坎贝尔"(这是他极为崇拜的一个祖先),然后就想退出这场关于起名的大讨论。后来,家母一锤定音,决定用她母亲的闺名"海伦·埃弗里特"作为我的名字。可是,在去教堂为我洗礼的路上,家父由于激动,竟把这个名字给忘了(这也难怪,因为他就不情愿参加关于起名的大讨论)。当牧师问起时,他只记得最后的决定是用祖母的名字为我命名,于是就说我叫"海伦·亚当斯"。据说,在裹尿布的时候,我就表现出了好学和不服输的性格。无论见别人干什么,我都非要模仿不可。半岁大,我咿呀学语,就能含混不清地说"你好"了。一天,我清晰地叫道:"茶!茶!茶!"一下子引起了众人的关注。甚至在患病之后,我仍能记得幼婴时学过的一个词,那就是"水"。大病一场之后,别的词我都说不出来了,但仍能发出一种声音,类似"水"的拼音。后来学会了拼写,这个音也就发得准确了。

家里人还告诉我,我刚满周岁时就会走路了。一次,母亲把我从浴盆中抱起来,放在膝上,我突然发现阳光投下的树叶影子在光滑的地板上闪烁和跳动,于是出溜下母亲的膝头，飞奔了过去。待那股冲劲一过，我就摔倒在了地上，哇哇大哭，而母亲急忙将我抱了起来。

人常说：好景不长。春天虽短，但百鸟啁啾，四处可闻知更鸟和嘲鸟的歌声；夏天蔷薇花盛开，果园满园飘香；金秋季节色彩斑斓……每一个季节都有礼物奉献给我这个喜悦盈怀的幼童。然而，过了一年多，在那个可怕的2月份，一场大病从天而降，令我失聪失明，使我变得跟初生儿一样蒙昧。这种病使得我的肠胃和大脑急剧充血，医生觉得我活不长。但在一个清晨，我的高烧突然退去，就像它袭来时一般神秘。全家人欣喜若狂，但没有人，甚至包括那位医生，知道我今生今世再也看不见东西、听不见声音了。

至今，我仍能依稀记得那场病，尤其记得母亲是如何给我以温情和爱抚的。一日白天，我辗转反侧，睡不安稳，醒来后眼睛又干又疼，急忙躲开自己所喜爱的阳光（从此阳光日渐在我的眼里模糊朦胧），把脸转向墙壁，一时感到极为焦躁、痛苦和惶恐，母亲千方百计安慰我，想让我平静下来。除了这些缥缈的记忆之外，其余的则如一场噩梦，显得是那么虚幻。久而久之，我习惯了周围的沉寂和黑暗，忘掉了曾经还有过声音和光明。后来，我的老师来到了我的身边，解放了我的精神世界。而就在初降人世的头一年半里，我毕竟看见过辽阔的绿野、明亮的天空，看见过树木和鲜花，黑暗虽突然降临,却并不能将这一切完全从我的记忆里抹掉,正所谓"一朝见过,终生难忘"。

第二章　懵懂年龄,没有光明的人生

患病最初几个月里发生的事我已无法记得,只知道自己经常坐在母亲的膝上,她去忙家务时我则拽住她的衣角跟在后边。我用手触摸东西,用心去感受事物,获益颇丰。没过多久,我觉得应该和他人进行交流,于是开始做出一些简单的动作表示意图——摇头表示"不",点头表示"好的",拉别人表示"来",推别人则表示"走开"。想吃面包该怎么表示呢? 答案是:我会做出切面包片和涂黄油的动作。如果想让妈妈给我做冰淇淋吃,我就指指冰箱,打个寒战,表示很冷。母亲也做出努力,使我学到了不少东西。如果她想让我为她取样东西,我总能心领神会,按她的意图跑上楼或别的什么地方去取。在那漫漫的长夜里,她的爱和智慧给我带来了一线光明和安慰。

后来，我还学会了处理生活琐事。五岁时，当家里的衣服从洗衣店取回，我已能够叠衣服，并将其放入衣柜，我还能将自己的衣服与其他人的衣服区分开。母亲和姑姑换装打扮，我就知道她们要出门，于是就央求跟她们一起走。每次家里来客人，我都负责接待，客人走时，我则挥手告别（我依稀记得挥手所表示的意义）。一天，几位绅士来看望家母。从大门的启闭以及一些别的声响，我感觉到有客来访，于是灵机一动，趁着家人不注意，飞奔上楼，开始梳妆打扮，站在镜子前（大病前，我曾见过大人照镜子），给头发抹了头油，在脸上扑了厚厚一层粉，用别针把头巾固定在头上，连脸都遮住了——那头巾垂下来，一直垂到肩上。然后，我把一个巨大的裙撑围在我的小细腰上，晃来晃去的，几乎能触着我的裙边。打扮完毕，我便下了楼接待客人。

记不得我是什么时候才开始意识到自己跟其他人不一样，只知道在我的老师来之前就有了这种感觉。我注意到母亲及我的朋友们跟我不一样，不是靠手势进行交流，而靠的是用嘴巴说出的话。有时，我会站在两个说话人中间，用手触摸他们的嘴唇，可我不明白他们在说什么，因而感到很苦恼。我也把嘴唇一张一合，并疯狂地打手势，可别人并不理解我的意思，有时气得我又踢又叫，直至精疲力竭。

我发脾气时,往往会用脚踢保姆埃拉。我也知道这是无理取闹,所以大闹一场过后会产生一种负疚感。可是,一旦不如愿,这种负疚感是无法阻止我再次无理取闹的。

　　在那些日子里,我有两个朝夕相处的伙伴,一个是黑人小女孩玛莎·华盛顿(她是厨子的孩子),另一个是老猎狗贝利(它曾是一只优秀的猎狗)。玛莎·华盛顿能够看得懂我的手势,所以让她替我做事,很少遇到困难。对她颐指气使,我心里感到很得意。她对我的横行霸道一般都服服帖帖的,唯恐跟我发生肢体冲突。我力气大,进攻性强,从不计后果。我个性强,有主见,总是喜欢我行我素,甚至不惜拼死一战也要捍卫自己的荣誉。我们俩的大量时间都是在厨房里度过的,帮厨子揉面团、做冰淇淋、磨咖啡,或者争抢蛋糕吃,要不就喂喂火鸡——它们老在厨房的台阶周围觅食,一点儿也不怕人,喜欢在我手上吃食,并乖乖让我抚摸。一天,我手里拿着个番茄,一只大个头的雄火鸡冲过来把番茄抢跑了。也许是受这只火鸡大师的启发,我们俩把厨子刚刚撒过糖霜的一个蛋糕偷走,躲在柴堆里吃得一干二净。谁料我却吃坏了肚子,恐怕那只火鸡也落了个这样的下场。

　　珍珠鸡喜欢在隐蔽处筑巢,我经常到深深的草丛里去寻找它们的蛋,这成了我的一大乐趣。要去寻找鸡蛋,我无法用语言向玛莎·华盛顿表达自己的意思,就把两手合成

海伦·凯勒自传

圆形，放在地上，示意到草丛里找某种圆形的东西，玛莎一看就懂。我们若是有幸找到了蛋，我绝不允许玛莎把蛋拿回家，就用手势告诉她：她拿着蛋，一摔跤就会打碎的。

存储粮食的谷仓、饲养马儿的马厩以及晨昏时分挤牛奶的乳牛场给我和玛莎提供了无穷无尽的乐趣。工人挤奶时，有时会允许我触摸奶牛，结果我常常因为自己的好奇心挨牛尾的抽打。

准备过圣诞节，这一过程对我而言也是一大快事。虽然我不明白过节的意义，但是却喜欢闻飘散在屋里的食物香气。为了不让我和玛莎吵闹，大人们会给我们一些好吃的东西。他们嫌我们碍事，但这丝毫不影响我们快乐的情绪。有时，他们会让我们磨香料、挑葡萄干、舔舔那些搅拌过食物的调羹。我也模仿别人把长袜子挂起来，然而我并不真感兴趣，也没有那么大的好奇心，不像别的孩子天没亮就爬起来看袜子里装进了什么礼物。

玛莎·华盛顿也和我一样喜欢恶作剧。7 月的一个酷热的午后，我和玛莎坐在游廊的石阶上——玛莎黑得像炭块，绒毛般的头发用鞋带扎起来，一束束地竖立在头上，像是头上长出了许多螺丝锥；我皮肤白皙，一头长长的金黄色卷发。我们俩一个六岁，另一个八九岁——六岁的女孩就是双目失明的我，另一个则是玛莎·华盛顿。我们坐在石阶上剪纸娃娃,但很快便厌倦了这种游戏,于是我就把鞋带剪成一段一段的,又跑到忍冬树下,把能够得着的树叶全都剪下来。后来,我的注意力转向了玛莎那一头"螺丝锥"。一开始,玛莎不肯让我剪,但最后还是屈服了。她认为应该把我的头发也剪掉才算公平,便拿起剪刀咔嚓一声剪掉了我的一绺头发。要不是妈妈及时赶来阻止,恐怕我所有的头发都会被她剪掉的。

我的另一个伙伴是贝利,也就是那只老猎狗。它很懒,喜欢卧在暖炉旁睡觉,不喜欢陪我玩。我费了好大力气教它手语,但它脑子笨,注意力不集中,真是"孺子不可教也"。有时,它会振作起来,激动得发抖,变得非常警觉——猎狗发现猎物时就是这种情景。我不清楚它为什么会这样,但我知道它并不是在按我的要求学习手语,于是感到很是沮丧。这样的授课往往是"剃头挑子一头热"。结果,每一次贝利都会站起来,伸个懒腰,不屑地哼声鼻子,然后走到暖炉的另一端卧下。我又气恼又失望,只好走开去找玛莎玩。

童年时代的许多琐碎事留在了我的记忆里,它们是些零碎的片段,但清晰、深刻,给我那无声、无目的、无光明的生活赋予了一些意义。

一天,我不小心把水洒在了围裙上,便把围裙张开,放在客厅暖炉的火苗前,想把它烘干。我觉得围裙干得太慢,索性将其放在火苗上烤。结果,围裙被烧着了,火焰蹿到我身上,瞬间将我的衣服烧着了。我惊恐万状,尖叫起来,老保姆韦妮闻声赶来施救,用一床毯子把我裹住,差点儿没把我闷死。不过,火被捂灭了。我的伤情不重,只烧伤了手和烧焦了头发。

大约也就是在这个时期,我发现了钥匙的妙处。一天早晨,我把母亲锁在了储藏室里。仆人们当时都在房屋的另一处干活,结果她被锁在里面长达三个小时。她在里边拼命敲门,我坐在游廊前的石阶上,感觉得到门的震动,乐得咯咯笑。经过这次恶作剧,父母决定要尽快请人来管教我。就这样,我的家庭教师莎莉文小姐来到了我身边。她一来,我就处心积虑地寻找机会,要把她锁在她的卧室里。一次,母亲吩咐我,让我上楼送一样东西给莎莉文小姐。我刚把东西交给莎莉文小姐,便将门砰地关上,上了锁,然后把钥匙藏在了大厅里的衣橱下。他们再怎么问我,我也不肯说出钥匙在哪里。后来,迫不得已,父亲搬来一架梯子,帮助莎莉文小姐从窗户爬了出来,这叫我感到得意极了。数月之后,我才把钥匙交了出去。

第三章　浓浓双亲爱,温馨舐犊情

　　大约在我五岁时,我们家从那所爬满蔓藤的家园搬到了一所比较大的新房子。家里除了我和父母、两个同父异母哥哥,后来又添了个小妹妹,叫米尔德里德。

　　关于家父,我清楚记得每次要找他都须经过一堆堆纸才能走到他跟前,结果会发现他一个人独自坐在那里,举着一张纸在脸前。我大惑不解,不知道他在干什么。我模仿他的动作,甚至还戴上了他的眼镜,觉得这下子就可以解开这个谜团了,谁知一无所获。多年之后我才明白那是些什么样的纸——原来,家父是一个报社编辑。

　　家父是天下最慈祥、最宽厚的父亲,非常热爱这个家庭,除了打猎的季节外,很少离开我们。据说,他狩猎时是个百发百中的神枪手。除了家人,他最爱的就是猎犬和猎枪了。他非常好客,几乎有些过了头,每次回家都要带回客

　　　　　　　　　　　　　　海伦·凯勒自传

人来。尤为叫他感到自豪的是我们家的那个大果园。据说,他栽种的西瓜和草莓是整个地区最棒的。葡萄一旦成熟,他就摘给我吃,还给我吃味道极佳的草莓。记得他经常领我徜徉于果园中,漫步于树木间和葡萄架下,从我的喜悦中获得满足和快慰。

他还是个讲故事的能手。在我学会了识字之后,他就把发生的许多有趣的见闻写在我的手掌上。而最令他高兴的事,莫过于听我复述他讲过的那些故事。

1896 年,我在北方度假,享受怡人的夏日,突然传来了父亲逝世的消息。他得病时间不长,病情在很短的时间内急转直下,很快就去世了。这是我第一次尝到失去亲人的悲痛滋味,也是我对死亡的最初认识。

至于母亲,我该怎样描述她呢? 她和我过于亲近,真不知该如何写她才好了。

有很长一段时间,我都将妹妹米尔德里德视为入侵者。她出生后,我就不再是母亲唯一的"宝贝蛋"——这一念头令我心里充满了醋意。原来是我坐在母亲的膝头,现在她霸占了那块位置,把母亲的爱和时间全都夺了去。一天,一件事情的发生使得原本就觉得受了委屈的我更加怨气难平。

那时,我有一个洋娃娃,取名叫"南希",备受我的宠爱,也受尽了我的虐待。我高兴时就搂它抱它，发脾气时则拿它出气，使它成了一个无辜的牺牲品，结果折磨得它"体无完肤"。我还有一些别的洋娃娃，有的会说话，有的会叫，有的会眨巴眼睛，但我最喜欢的还是可怜的南希。我把南希放在摇篮里，经常要花上一两个小时晃那摇篮哄南希睡觉。我对南希和摇篮严密看护，容不得他人触动。可有一天，我发现妹妹竟舒舒服服地躺在摇篮里睡大觉。那时，我正嫉妒她夺走了母爱，气得我怒从心头起，恶向胆边生，冲上前推翻了摇篮。要不是母亲及时赶来接住，她恐怕便摔死了。当时的我处于极度孤独之中，听不见关爱的话语，看不到爱抚的动作，也无法目睹友谊的表现，所以缺乏温情，不知道什么叫仁爱。后来，我懂事之后，明白了人与人之间的情谊，便和米尔德里德成了心贴心的朋友。虽然她看不懂我的手语，我也不懂她那咿呀的童语，但我们手拉着手四处玩耍。

海伦·凯勒自传

第四章　漫漫寻师路,孜孜求光明

我渴望表达内心的思想,而这种渴望越来越强烈。我感到光靠几个简单的手势来表达已力不从心,不能够叫别人理解我的意思,结果屡屡受挫,气得我大发脾气。觉得仿佛有许多看不见的魔爪在紧紧地抓着我,我拼命地想挣脱它们。我的挣扎虽然无济于事,但反抗的决心和精神却异常强烈,每次都奋争、折腾得精疲力竭,泪水泉涌而出。母亲若在旁边,我就会一头扑进她怀里,悲痛欲绝,甚至连为何发脾气都给忘了。日子越来越难熬,表达思想的愿望越来越强烈,以致每天都要发脾气,有时甚至每隔一小时就闹一次。

父母亲忧心如焚,却又一筹莫展。我们居住在塔斯坎比亚小镇,附近根本没有盲人学校或聋哑学校,恐怕谁也不愿意到如此偏僻的地方,来教一个又瞎又聋的孩子。实际上，亲友们觉得像我这种状况，就是有人教，我也学不会的。然而母亲从阅读狄更斯的《美国札记》中看到了一线希望。狄更斯在《美国札记》一书中提到一个又聋又瞎的少女劳拉·布里奇曼，母亲依稀记得她在学业上获得了成功。但令人失望的是，书中提到的那位发现了教育哑童和盲童之道的霍尔医生已经辞世多年。他的教育方法可能也已失传。霍尔医生如果有传人，那么他的传人愿意到亚拉巴马州这个偏远的小镇来教一个小姑娘吗？

大约在我六岁的时候，父亲听说巴尔的摩有一位著名的眼科大夫，治好了好几个几乎已无希望复明的盲人。父母立即决定带我去那里治眼睛，看我的眼睛是否能够重见天日。

那是一次非常愉快的旅行，至今我仍记忆犹新。在火车上我交了很多朋友。一位妇女送给我一盒贝壳，父亲把这些贝壳穿孔，让我用线一个一个穿起来。很长一段时间，这些贝壳带给我无限的快乐和满足。列车员和蔼可亲，他每次来查票或检票，我都会拽住他的衣角跟着他。他把剪票钳借给我让我玩，而我玩得非常高兴。我蜷缩在座位的角落里用剪票钳在硬纸片上打孔，自得其乐，一玩就是几个小时。

姑姑用毛巾给我做了个大娃娃——那是一个滑稽可

海伦·凯勒自传

笑、连个形状都没有的娃娃，简陋得不能再简陋了，所谓面孔五官全无，就连想象力丰富的孩子也想象不出那是一张什么样的面孔。奇怪的是，别的缺陷我尚能忍受，而娃娃没有眼睛却让我受不了。我把这一点向众人指出，让大家想办法给娃娃安上眼睛，可是没有一个人能够胜任。后来我灵机一动，想办法解决了这个难题。我出溜下座位，在座位底下找了半天，找到了姑姑的披肩，上面缀着一些大珠子。我扯下两颗来交给姑姑，让她缝在娃娃的脸上。姑姑拉起我的手，将我的手放在她的眼睛上，以核实我的用意。我使劲点了点头。她缝上了珠子，这叫我喜不自胜。但没多久，我便对布娃娃失去了兴趣。整个旅途中，吸引我的事层出不穷，我忙个不停，一次脾气也没有发。

　　到了巴尔的摩后，我们受到了切斯霍尔姆医生的热情接待，但他对我的状况无能为力。不过，他说我是可以接受教育的，建议父亲带我去华盛顿找亚历山大·格雷厄姆·贝尔医生，说此人可以为我们提供信息，帮我们寻找教育哑童和盲童的学校和师资。依照切斯霍尔姆医生的建议，全家人又立刻起程去华盛顿见贝尔医生。一路上，家父愁肠百结、顾虑重重，而我对他的苦恼毫不知情，只是觉得到处旅行十分好玩，心里亢奋得不得了。

　　那时，虽然我还是个不懂事的孩子，但我一同贝尔医生接触，就感到了他的仁爱和热情。他是个成就斐然的医生，深受同行和病人的尊敬和爱戴。他把我抱在膝上，让我摆弄他的表，使我感受到表的走动。我觉得他能看得懂我的手语，立刻就喜欢上了他。当时我并没有意识到，这次会面竟会开启了一扇门，从而使我走出黑暗，步入了光明，摆脱孤独，接触到了友谊、宽容、知识和爱。

贝尔医生建议父亲写信给波士顿帕金斯学院的院长安纳诺斯先生，请他为我物色一位启蒙老师。而帕金斯学院正是霍尔医生工作过的地方，他为盲童的教育做出了杰出的贡献。父亲立刻发了信。几个星期后就接到了安纳诺斯先生的热情回信，告诉了我们一个令人振奋的消息：教师已经找到了。这是 1886 年夏天的事，而我的老师莎莉文小姐来到我们家时，已经是第二年的 3 月了。

就这样，我走出了埃及，站在了西奈山的前面。① 一股神圣的力量涌进了我的心房，使我看到了一幅幅壮丽的奇观。我听见一个声音从那座圣山上传来："知识给人以爱，给人以光明，给人以智慧。"

---

① 根据《圣经》，以色列人在埃及受到迫害，后来由摩西带领他们离开了埃及。途中，摩西爬上西奈山的山顶，见到了耶和华，后者为他以及以色列人指明了前进的方向。

海伦·凯勒自传

第五章　恩师出现,换了人生

我的老师安妮·曼斯菲尔德·莎莉文来的那一天是我终生难忘的最重要的日子。回想此前和此后的两种生活真是天差地别,我不由感慨万分。那一天是 1887 年 3 月 3 日,还有三个月我就七岁了。

那天下午,我默默地站在游廊里,充满了期待。从妈妈的举动以及全家上下的奔跑和忙碌中,我朦胧感到某样非同寻常的事情就要发生,于是便走到门口,站在台阶上等待。

午后的阳光穿透遮满门廊的厚厚的金银花,照射到我仰着的脸上。我的手指几乎是下意识地摩挲着那熟悉的叶片以及那些为迎接妩媚的南国之春而刚刚绽开的花朵。我不知道未来会怎么样,不知道未来会出现什么样的奇迹或令人意想不到的情况。几个星期来,愤怒和痛苦的情绪一直在折磨着我，使得我内心躁动不安，随之而至的是疲劳和倦怠。

你可曾在大雾中航行过！浓雾就像一张白茫茫的大网将你罩在其中，而你就是一艘巨轮，紧张、焦虑，靠着指南针和探深绳摸索着向岸边驶去，一颗心怦怦乱跳，预感到某样事情就要发生！在受教育之前，我正像大雾中的航船，只是既没有指南针也没有探深绳，无从知道海港到底还有多远。我的灵魂在无声地祈祷："给我光明，给我光明吧！"就在那一刻，爱之光突然出现，倾洒在了我身上。

当时我感到有人在向我走来，以为是母亲，便伸出手去拉她。一个人牵住了我的手，把我抱起，紧紧搂在怀里——正是此人将向我揭示事物的奥秘，更为重要的是，将给我带来爱。

我的老师在来后的第二天早晨，便把我领进她的房间，给了我一个洋娃娃。后来我才知道，那是帕金斯学院的盲童学生赠送的，而洋娃娃的衣服是又聋又瞎的劳拉·布里奇曼亲手缝制的。等我玩了一会儿洋娃娃，莎莉文小姐拉起我的手，在我的手掌上一笔一画拼写了"洋娃娃"这几个字。我立刻对这种手指游戏产生了兴趣，也跟着她学习拼写，最后竟然能够将这几个字正确地拼写出来了。我又高兴又自豪，激动得脸发红，跑下楼去找母亲，伸出手把这几

海伦·凯勒自传

个字拼写给她看。我并不知道这就是在写字,甚至也不知道世界上有文字这种东西,只不过是依葫芦画瓢,进行了简单模仿罢了。在以后的那些日子,我就这样懵懵懂懂地学会拼写了许多名词,其中有"别针""帽子"和"茶杯"等,还学会了拼写一些动词,如"坐""站"和"走"等。在老师的教导和启示下,几个星期后,我领悟到世间万物都是有名称的。

　　一天,我正在玩一个新的瓷娃娃,莎莉文小姐把一个大布娃娃也拿来放在我的膝上,在我的手上写了"洋娃娃"这几个字,想让我明白它们的名称都是"洋娃娃"。在这之前,我们俩曾为"水杯"和"水"这两个字发生过争执。她想让我懂得"水杯"是"水杯","水"是"水",而我却总是把两者混为一谈。她没有办法,只好暂时将这个问题搁置起来,但一有机会她又旧事重提。我对她这种锲而不舍的努力很不耐烦,抓起那个瓷娃娃就摔在了地上,感觉到碎片散了一地,心里感到特别痛快。对于这种暴烈行为,我事后既不感到遗憾也不觉得懊悔,因为我对那个娃娃是缺乏爱的。在我的那个寂静无声、一片漆黑的世界里是不存在爱和温情的。莎莉文小姐把碎片扫到炉子边,而我心情舒畅,觉得不必再为此伤脑筋了。她把我的帽子拿来,我知道又可以到外面暖和的阳光下去了。这一想法(如果一种情绪可以被称为想法的话)令我感到由衷的高兴,蹦蹦跳跳地跟着她走了。

我们沿着小路散步到井房,房顶上盛开的金银花芬芳扑鼻。有人正在那儿打水,莎莉文老师把我的一只手放在喷水口下,一股清凉的水在我手上流过。她在我的另一只手上拼写出"水"字,起先写得很慢,第二遍就写得快一些。我静静地站着,注意着她手指的动作。突然间,我恍然大悟,有一种醍醐灌顶的感觉,一下子理解了语言文字的奥秘,知道了"水"这个字就是正在我手上流过的这种清凉而奇妙的东西。这个具有生命力的字唤醒了我的灵魂,给我带来了光明、希望和欢乐,使我的灵魂得到了彻底解放!前进道路无坦途,会有各种障碍,但所有的障碍终将被清除!

离开井房,我产生了强烈的求知欲。啊!原来世间万物皆有名称,每个名称都能启发我产生新的思想。回到家中,我感到自己所触摸到的东西都具有颤动的生命,这是因为我换了一种眼光,开始从一种新颖、奇特的角度看待事物了。进了门,我想起摔碎瓷娃娃的事情,便走到炉子跟前捡起碎片,想将它们拼在一起,但最终失败了,不由流出了眼泪——我意识到自己做错了事情,平生第一次感到了遗憾和懊悔。

那一天,我学了许多新词,现在记不起都是些什么词

海伦·凯勒自传

了,只记得其中有"母亲""父亲""妹妹"和"老师"等。这些词使得整个世界在我面前变得花团锦簇、美不胜收,就像《圣经》上说的"亚伦的杖开了花"一样。记得在那个美好的夜晚,我独自躺在床上,品尝着这一天所给我带来的喜悦,平生第一次盼望着新的一天快些来到。普天之下,恐怕再也找不到比我更幸福的孩子了!

第六章　师从自然,喜忧参半

1887 年的夏天,我的灵魂复苏之后,发生了许多事情,至今仍能记得起来。我整天用手去探摸我所接触到的东西,并学习它们的名称和用途。我探摸的东西越多,对其名称和用途了解得越细,内心的喜悦感便越强烈,也越自信,觉得自己和这个世界已产生了紧密的联系。

雏菊和金凤花盛开时,莎莉文小姐便牵着我的手穿过田野(农夫们正在那儿翻耕播种),一直走到田纳西河的岸边,在散发着暖意的青草上席地而坐,开始学习和了解大自然赐予人类怎样的恩惠。我懂得了阳光雨露如何使果树种子破土而出长成大树,给人类提供丰硕的果实;懂得了鸟儿如何筑巢,如何繁衍,如何随着季节的变化而迁徙;也懂得了松鼠、鹿和狮子等各种各样的动物如何觅食,如何栖息。我了解的事情越多,就越感到大自然的伟大和世界的美好。

早在我学习算术以及用文字描绘这个世界之前,莎莉文小姐先教会了我欣赏美,欣赏芳香四溢的树林、细嫩的草叶,欣赏我的小妹妹那小胖手上的曲线。她架起一座桥梁,将我幼小的心灵与大自然联系在了一起,使我感觉到自己和鸟儿及鲜花是快乐的伙伴。

但是这期间却发生了一件事,让我发现大自然并不总是那么慈爱可亲。那是一个晴朗的上午,我和老师散步到了一个较远的地方,最后回家时,天气变得闷热起来。我们中途停下来两三次,在路旁的树荫下歇脚。最后一次歇脚是在离家不远的一棵野樱桃树下。树荫凉爽宜人,而那棵树很矮,容易攀爬。于是,在老师的帮助下,我爬上了树,坐在一根树杈上。由于此处是一个凉快的避暑地方,莎莉文小姐提议在这儿野餐。我答应在她回家取食物时,就待在原地不动。

突然间,树上发生了变化,空气中没有了太阳的温暖。

我知道乌云笼罩了天空,因为对我而言意味着光明的炎热一下子消失了。泥土里散发出一股怪味,我知道这是暴风雨来临之前常有的预兆。我感到一种不可名状的恐惧,一种同亲人隔绝、同大地分离的孤独感油然而生。我觉得世界是那么大,那么陌生,害怕得脊梁骨都发冷,于是一动也不敢动。我盼望着老师快快回来,但最渴望的是能从树上回到地面上。

那一刻静极了,给人以不祥的感觉,后来树叶开始剧烈地抖动,整棵大树在摇晃。一阵狂风刮来,要不是我拼尽全力抱紧树杈,一定会被刮下树的。树摇动得越来越厉害,落叶和折断的小树枝雨点般向我打来。虽然我急得想从树上跳下去,却又不敢轻举妄动,于是便蜷缩在树杈的分叉处。身旁的树枝在风中狂舞,似鞭子在抽打。我觉得时不时会有什么东西在断裂,会有重物掉落到地上引起震动,而那震动由下而上传到我坐着的树杈上。我惊恐到了极点,觉得大风会把大树连我一起刮倒的。就在这时,我的老师抓住了我的手,扶我下了树。我紧紧抱着她,为又一次接触到坚实的大地而高兴得浑身发抖。我学到了新的一课:大自然母亲也会向自己的孩子开战,温柔的手瞬间会变成狰狞的利爪。经过这次事件后,我有很长一段时间都不敢爬树了,甚至一想到爬树就感到恐惧。后来,花园里有一棵含羞树开了花,花香扑鼻,最终扫清了我心头的恐惧。那是一个迷人的春天的早晨,我独自坐在凉亭里读书,突然嗅到飘来的一股淡淡的香气,于是精神一振,不由自主地伸开双臂去拥抱那馥郁的芬芳,觉得仿佛"春天女神"从凉亭走过,留下了一路馨香。"这是怎么回事?"我问自己。随后,我立刻分辨出那是含羞树的花香。我知道那棵含羞树在花园的尽头,长在篱边小路的拐弯处,于是就摸索着朝那儿走去。在温暖的阳光照耀下,含羞树似乎在微微颤抖,鲜花开满了枝头,有些树枝几乎都触着了那茂盛的青草。世界上竟然有如此美不胜收的景象!右手轻轻一碰,那娇嫩的花儿会含羞朝后缩去,让人怀疑这是一棵天堂里的树,下降到了人间。我分开那一簇簇的鲜花,摸到了粗粗的树干跟前,站在那儿犹豫了片刻,然后把脚放在树杈之间的一处宽宽的落脚处,三下两下爬上了树。我吃了一些苦头才抱紧了树杈,因为树杈太粗,而树皮刺得我手疼。不过,我有一种美妙的感觉,觉得自己在干一件非同寻常、奇妙的事情,于是便不断往上爬,一直爬到了一处有座位的地方——那座位是人工嫁接上去的,天长日久便和树连为一体了。我在那儿坐了很长很长时间,感觉自己就像是彩云间的仙女。从那以后,我常爬上这棵天堂之树,在这儿度过了许多快乐的时光,任思绪驰骋,遨游在美妙的梦境中。

第七章 万里长征,始于足下

此时,我已经掌握了语言的钥匙,迫不及待地要用这把钥匙去打开语言宝库的锁。通常,有听力的孩子可以轻而易举地学习语言,别人嘴里说出来的话,他们可以轻松愉快地了解与学习,并且模仿着说出口。但是,耳聋的孩子却必须经历无数的痛苦煎熬,慢慢才能学会。但无论过程如何艰辛,结果却总是无比美妙。我从每一件东西的名称慢慢学起,循序渐进,由结结巴巴地发音,跨越广阔的空间,到学习莎士比亚的诗句,让思想凌空飞翔。

起初,老师告诉我新鲜事物,我却很少提问,因为我的大脑是一盆糨糊,词汇量也深感不足。不过,随着知识面的扩大以及词汇量的增加,提问就多了起来,而且经常要打破砂锅问到底,非得探个究竟不可。有时学习一个新词,会激发我的记忆,使我回想起以前发生过并留在我脑海里的事情。

记得有一天早晨,我第一次问起"爱"这个字的意思。当时认识的字还不很多,我在花园里摘了几朵早开的紫罗兰送给我的老师。她想吻我,可我那时除了母亲外,不愿意让别人吻我。莎莉文小姐用一只胳膊轻轻地搂着我,在我手上拼写出了"我爱海伦"几个字。

"'爱'是什么?"我问。

她把我搂得更紧了,用手指着我的心说:"爱在这里。"

我第一次觉察到自己的心脏在剧烈地跳动,但对她的话依然困惑不解,因为当时除了能触摸到的东西外,我几乎什么都不懂。

我闻了闻她手里的紫罗兰,一半儿用文字,一半儿用手势问道:"爱就是花的香味吗?"

"不是。"我的老师说。

当时,太阳高悬,把温暖的阳光洒在我们身上。我想了想,指着阳光射来的方向问:"那是不是爱? 那是不是爱?"

在我看来,世界上没有比太阳更美好的东西了,它的热力使万物茁壮生长。但莎莉文小姐却连连摇头。我真是又困惑又失望,觉得很奇怪:为什么老师不能直接告诉我什么是爱呢?

一两天过后,我正用线把大小不同的珠子穿起来,按两

海伦·凯勒自传

个大的、三个小的这样的顺序，但结果老是弄错，莎莉文小姐在一旁耐心地为我一遍遍地指出错误。最后，我注意到原来是排列上出现了一个明显的错误，于是就将精力集中在这一点上，绞尽脑汁想把错误的排列更正过来。莎莉文小姐用手碰碰我的脑门，以强调的方式一笔一画写出了"想"这个字。

刹那间，我茅塞顿开，领悟到这个字意味着大脑思考的一个过程。这是我第一次对抽象概念有了认识。

我静静地在那里坐了许久，不是在想珠子的排列方式，而是在用新的观念思考，想弄清"爱"到底是什么意思。那天，乌云密布，时而有阵雨落下。突然间，太阳突破云层，发出耀眼的光芒。我旧话重提，又问老师："那是不是爱？"

"爱有点儿像太阳出来以前天空中的云彩。"老师回答说。她似乎意识到我仍然困惑不解，于是又用更浅显的话解释说："你摸不到云彩，但你能感觉到雨水。你也知道，在经过一天酷热日晒之后，要是花和焦渴的大地能得到雨水的浇灌，会是多么高兴呀！爱也是摸不着的，但你却能感到它无处不在，给人间带来温情。没有爱，你就不会感到幸福，也没有心情玩耍。"

我心里豁然开朗，感觉到有许许多多无形的纽带将我的心和其他人的心连接在了一起。

从一开始，莎莉文小姐跟我交流就和跟听力正常的孩子交流一样，唯一不同的是，她把一句句话拼写在我手上，而不是用嘴说出来。假如我想表达自己的意思，又苦于找不到恰当的词语或句子，她便为我提供；当我无法继续交流下去的时候，她甚至为我提供线索。

这一过程延续了许多年——在这种再简单不过的日常交流中，一个耳聋的孩子根本无法在数月甚至两三年间便能学会那数也数不清的成语和表达法。正常的孩子学说话是靠不断的重复和模仿。在家里，正常的孩子听大人说话，脑子便跟着活动，联想说话的内容，同时也学会表达自己的思想，但耳聋的孩子却无法自然地交流思想。我的老师意识到了这一点，用各种方法来弥补我的不足。她尽最大可能反反复复地、一字一句地重复讲述自己的见闻，并告诉我如何跟她交流。但过了很长一段时间，我才敢主动张口和她交谈，又过了更长一段时间，才知道在什么场合说什么话。

聋人和盲人很难领会谈话中的细微变化，而这对于那些既聋又盲的人更是难上加难！既聋又盲的人无法辨别人们说话的语调，没有别人的帮助，领会不了语气的变化所包含的意思，也看不见说话者的神色，而神色能反映出话语的真切含义。

海伦·凯勒自传

第八章　朝夕相伴，师徒情深

我接受教育的第二个重要阶段是学习阅读。

刚学会拼写单词，老师就给了我一些卡片，上面有凸起的字。我很快就知道了，每一个突起的字都代表某种物体、某种行为或某种特性。我有一个框架，可以用所学到的字在上面摆出短句。在用这些卡片排列短句之前，我经常先用实物把句子表现出来。比如我先找出写有"娃娃""是""在……上"和"床"的硬纸片，把每个硬纸片放在有关的物体上，然后再把娃娃放在床上，在旁边摆上写有"是""在……上"和"床"的卡片，这样既用词造了一个句子，又用与之有关的物体表现了句子的内容。

一天，莎莉文小姐让我把写有"女孩"这个词的卡片别在连衣裙上，然后站在衣柜里。随即，我将这几张卡片摆在框架上组成一个句子。这样的学习成了一种我最喜欢的游戏。我和老师有时一玩就是几个小时，屋子里的东西常常被我们摆成实物短句。

这些拼卡游戏不过是进入阅读世界的最初阶段。不久，我开始拿起"启蒙读本"，来寻找那些我已经认识的字。一旦找到一个认识的字，就像在玩捉迷藏时逮着一个人一样兴奋不已。就这样，我开始了阅读。至于何时阅读故事书，容我以后讲述。

相当长的一段时间里，我并没有学习正规的课程，即使非常认真地学，也只是像玩游戏，而不像在上课。莎莉文小姐无论教我什么，总是用一些美丽的故事和动人的诗篇来加以说明。如果发现我有兴趣，她就乐此不疲地与我讨论，好像自己也变成了一个小女孩。孩子们讨厌的事，如学语法，做算术题，以及艰难地举证，却成了我今天最美好的回忆。

莎莉文小姐和我心有灵犀，能够分享我的喜悦、理解我的愿望，其中的原因难以解释得清。也许，这源自于她长期接触盲人吧。除此之外，她还有一种奇妙的本领——善于解释。授课时她删繁就简，对于枯燥的细节一带而过，从不用提问的方式难为我，看我是否仍记得前天所学的课程。她可以把枯燥无味的科学知识，生动逼真、循序渐进地为我做解释，使我自然而然地记住了她讲的内容。

我们经常走到户外,在阳光照耀的树林里读书、学习。在这里,我学到的东西饱含着森林的气息,饱含着松针的香气以及野葡萄的芬芳。坐在野生郁金香树那如盖的树荫下,我觉得世间万物都可供我学习,都可给我以启迪——它们本身就是一部教科书。实际上,蜜蜂嗡嗡叫,百鸟啁啾,鲜花盛开,都成了我课程中的内容。青蛙、蚂蚱和蟋蟀常常被我捉住,放在捂起的手心里,静静地等候着它们的鸣叫。还有毛茸茸的小鸡、绽开的野花、木棉、草地上的紫罗兰以及花蕾初绽的果树,也都引起了我的兴趣。我触摸那鼓囊囊的棉桃,用手指摩挲它们那柔软的纤维和毛茸茸的棉籽,感受微风吹过玉米田发出的飒飒声以及玉米叶子互相碰撞的沙沙声。我的小马在草地上吃草,我们拉住它,给它套上嚼口,气得它直打响鼻——我至今仍能清楚记得它嘴里喷出的那种浓烈的青草味!

有时天麻麻亮我就起床,溜进花园里,此时晨露正浓,花草上露水滴滴。用手轻轻抚摸蔷薇花,感受百合花在徐徐的晨风中摇曳的美姿——这样的欢乐很少有人能体会得到。有时采摘鲜花,我会抓到一只钻进花蕊里的昆虫,可以感觉到小家伙由于受到外界的袭击而惊恐万状,在奋力拍动翅膀,发出微弱的拍打声。

我也喜欢到果园去。在那里,7月初果子便成熟了。毛茸茸的大桃子垂得低低的,伸手可及。一旦微风吹过,就会有熟透了的苹果掉落在我的脚旁。我捡起苹果,用裙子兜起来,把脸贴在苹果上,体味着上面太阳的余温,然后一蹦一跳地回家去,心情简直愉快极了!

我们最喜欢散步到凯勒码头,那是田纳西河边一个荒芜破败的码头,是南北战争时为了部队登陆而修建的。在那里我们乐而忘返,一待就是几个小时,一边玩一边学习地理知识。我用鹅卵石造堤、建岛、筑湖、开河,纯粹是寻开心,做梦也想不到这是在学习功课。莎莉文小姐向我介绍我们这个又大又圆的地球,介绍地球上的火山、被埋在地下的城市、不断移动的冰河以及其他许许多多奇闻逸事,我越听越觉得新奇。她用黏土给我做立体的地图,我可以用手摸到凸起的山脊、凹陷的山谷和蜿蜒曲折的河流。这些我都很喜欢,但却总是分不清赤道和两极,为此很伤脑筋。莎莉文小姐为了更形象地描述地球,用一根根线代表经纬线,用一根树枝代表贯穿南北极的地轴。这一切都那么逼真,以至只要有人提起气温带,我脑子里就会浮现出许多一连串编织而成的圆圈。我想,假若有人骗我说北极熊爬上了那根北极柱,我会信以为真的。

算术恐怕是我唯一不喜欢的课程了。一开始我便对数字不感兴趣。莎莉文小姐用线穿上珠子来教我数数,通过

海伦·凯勒自传

排列幼儿园教学用的那种空心管教我学加减法。但是，每次演算不了五六题，我就不耐烦了。一旦完成了当天的功课，我便如释重负，急忙跑出去找伙伴们玩了。

也是以这种悠闲从容的方式，我学习了动物学和植物学。

一次，有一位先生（名字我已经忘了）寄给我一些他所收藏的化石，其中有带着美丽花纹的软体贝类生物化石，有带着鸟爪印的砂岩化石以及像浮雕一样的蕨类植物化石。这些化石为我打开了一扇窗户，让我了解到了远古世界的情况。听莎莉文小姐讲述那些可怕的野兽（它们的名字古怪而且很难发音）——这些野兽在原始森林中到处游荡，折下参天大树的枝叶当食物吃，最后不知什么时候一朝灭绝，消失在沼泽地里，听得我毛骨悚然，手发抖。有很长一段时间，我在梦中老梦见这些怪兽——那一可怕的远古时期与充满欢乐的现实世界形成了鲜明的对比。现实世界里有明媚的阳光、芬芳的鲜花，有小马那嘚嘚嘚轻快的蹄声。

又有一次，有人送给我一个美丽的贝壳。老师就给我讲小小的软体动物是如何为自己建造如此色彩斑斓的安身之所的；在水波不兴的静谧的夜晚，鹦鹉螺如何乘着它的"珍珠船"航行在蔚蓝的印度洋上。我听得津津有味，惊讶不已。

我学习有关海洋生物的生活习惯,学习小小的珊瑚虫是怎样在波涛汹涌的太平洋上建筑起了珊瑚群岛,有孔虫又是怎样将一片片土地变成了白垩山,通过学习掌握了大量有趣的知识。后来老师给我读了一本名为《珍珠鹦鹉螺》的书,告诉我:软体生物建造贝壳房子的过程象征着人类智慧发展的过程;鹦鹉螺用神奇的膜罩从海水中吸收有用的物质,将其转变成身体的一部分,人类积累智慧亦是如此,日积月累,便有了晶莹的思想珍珠。

　　植物的生长,对我而言也是一本教科书。我们买了一株百合花,放在阳光灿烂的窗台上。不久,一个个嫩绿、尖尖的花蕾便含苞待放了。花蕾外包着的叶子如同人的纤细手指一般,缓缓地舒展开,好像不愿让人窥见里面艳丽的花朵一般。可一旦开了头,叶子张开的速度便加快了,但依然井井有条,不慌不乱,一点不失原有的次序。有一朵花蕾比别的花蕾大,比别的花蕾漂亮,也最为雍容华贵——它妩媚动人,身披柔软、细腻的花瓣,俨然是一个仪态万方的花之女王,其他花蕾畏畏怯怯簇拥着它,含羞地依次解下绿色的头巾。最终,这株百合花整个儿怒放起来,娇艳迷人、香气扑鼻。

　　家里摆满了花盆的窗台上有一个球形玻璃鱼缸,不知道谁在里面放了十一只蝌蚪。记得我发现了那些蝌蚪时,心里激动不已。把手放进鱼缸里，让小蝌蚪在手指间游来游去，那种感觉真是太好了。一天，一个胆大的家伙竟然跳出鱼缸，掉在地板上，等我发现时已经奄奄一息了，只有尾巴微微摆动了一下，证明它还活着。不过，把它放入水里后，它就快速地潜入水底，快活地游了起来，游了一圈又一圈。它曾经跳出过鱼缸，见识过世面，现在随遇而安，住在它的玻璃房子里，头顶上是偌大的灯笼海棠树，直至一朝变身，成为青蛙。那时它就会跳进花园那头绿树成荫的池塘中，用它那优雅的情歌把夏夜变成音乐之夜。

　　就这样，我不断地从生活中学习知识。起初，我的心头笼罩着一个个谜团。正是我的老师答疑解惑，澄清了那些谜团。自从她来了之后，周围的一切都有了爱和欢乐的气息，都有了深厚的意义。她从不放过任何一个机会向我展示万物中所包含的美，每时每刻都在动脑筋、想办法，使我的生活变得美好和有价值。

　　她杰出的天赋、深切的同情心以及浓浓的爱使得我接受教育最初的那几年变得轻松愉快。由于她善于抓住恰当的机会向我传授知识，她的授课便显得妙趣横生，起到了立竿见影的效果。她深知孩子的心灵就像潺潺流淌的小溪，泛着涟漪，沿着知识的河床欢快地奔向前方，时而流经鲜花，时而流经灌木丛，远方看得见朵朵白云。为师者则为孩子指点迷津,为孩子的心灵指明方向。山涧和泉水不断汇入这心灵的小溪,最后小溪终成大江大河,平静的水面上有巍巍青山、婆娑的绿树以及湛蓝天空留下的映影,也映出了花朵那娇美的脸庞。

每个老师都能把孩子领进教室,但并非每个老师都能让孩子学到知识。身为学生,如果心灵没有得到解放,那么,无论是学习还是休息,都不会有快乐的感觉——有成就则欢喜,无成就则失望,心沉谷底。必须让学生树立信心,敢于面对挑战,正所谓"学海无涯苦作舟",不达目的誓不休。

我的老师与我密不可分,几乎达到了她中有我、我中有她的地步。真不知我对所有美好事物的喜爱,有多少是自己内心固有的,有多少是受她影响而产生的。她已经成为我生命的一部分,我是沿着她的足迹前进的。我生命中所有美好的东西都属于她——我的才能、抱负和欢乐,无不由她的爱所唤醒。

海伦·凯勒自传

第九章　圣诞节趣事，礼物风波

　　莎莉文小姐来到塔斯坎比亚小镇后的第一个圣诞节成为家里的空前盛事。家里的每个人都在为我准备一些意想不到的礼物，而更令人兴奋的是我和莎莉文小姐也在为其他人准备意外的礼物。我又高兴又激动，猜想着人们到底会给我什么礼物。亲友们也想尽办法逗引我，故意给我一星半点儿暗示，或者一句半句不连贯的话语，让我猜测，引得我越发好奇。我和莎莉文小姐就玩起了"猜一猜"的游戏，我从中学会了许多词的用法，比上课学到的还要多。每天晚上，我们就守在熊熊燃烧的炉火旁玩这种游戏，随着圣诞节的迫近，心情越来越激动。

　　圣诞前夜，镇上的学生们邀请我与他们一起欢度佳节。教室中间立着一棵很漂亮的圣诞树，树上的灯闪闪烁烁，发出柔和的光芒，枝头上挂满了新奇的果子。那是一个最幸福的时刻,我欣喜若狂,围着圣诞树又蹦又跳。当得知每一个孩子都可以得到一份礼物时,我高兴极了。那些提供圣诞树的好心人让我给孩子们分发礼物。我忙得不亦乐乎,甚至没有顾得上看自己得到的是什么礼物。我心急如焚,盼望着圣诞日快快来到,简直有些急不可耐了。我知道亲友们要赠送给我的礼物跟参加圣诞节庆祝晚会时得到的礼物是不一样的——我的老师说亲友们的礼物比晚会的礼物还要好。她叫我耐心些,先享受晚会的礼物,明天一早就会知道亲友们的礼物是什么东西了。

那天夜里,我把长袜挂好,躺在床上,却久久无法入睡,想看看圣诞老人什么时候来,他会做些什么。后来,我实在困得不行,抱着晚上新得到的洋娃娃和白熊睡着了。第二天早上,我比谁都起得早,全家人都被我的一声"圣诞快乐"唤醒了。我不仅在长袜里找到了意想不到的礼物,在桌子上、椅子上,甚至门槛以及每个窗棂上,我几乎每迈出一步,都要碰到一件令我惊喜的用彩纸包裹的圣诞礼物。而当莎莉文小姐送给我一只金丝雀的时候,我更是高兴得难以言表。

我为这只金丝雀取名"蒂姆"。小蒂姆极其温顺,常常在我手指上跳来跳去,吃我用手喂的糖渍樱桃。莎莉文小姐教我如何照顾小蒂姆。每天早上吃完早饭后,我给它洗澡,把笼子打扫得干干净净,给它的小杯子里装满新鲜的草籽和从井房打来的水,然后再把一小束乌云草挂在它的吊环上。

一天早上,我把鸟笼放在窗台上,然后去打水给它洗澡。回来一开鸟笼的门,我感觉到有只大猫蹿了过来。起初,我没有意识到大祸已从天而降,后来把手伸进鸟笼,没有摸到蒂姆的小翅膀和它那尖尖的小嘴,我这才明白自己再也见不到我那可爱的小歌手了。

第十章 波士顿之行,难忘的旅程

我一生中的第二件大事,便是1888年5月的波士顿之行了。从做好出发前的各种准备,到与老师、母亲一同登程,旅途中的所见所闻,以及最后抵达波士顿的种种情形,一切都宛如昨日,历历在目。和两年前的巴尔的摩之行相比,这次旅行有着多么大的不同呀!今非昔比,我已不再是那个坐立不安、激动不已，一刻不停地想吸引旅客们的目光，并以此为乐的小淘气了。此时的我安静地坐在莎莉文小姐身旁，专心致志地听她给我描述车窗外所见的一切：美丽的田纳西河、一望无际的棉花地、群山和森林，还有站台上一群群的黑人，他们欢声畅谈，有的向火车上的亲友挥手告别，有的上了火车，把香甜可口的糖果和爆米花带进车厢里。坐在我对面位子上的是大布娃娃南希，穿一件用方格花布新做的外衣，头戴一顶花边遮阳软帽，瞪着一双用玻璃珠子做的眼睛目不转睛地直盯着我。莎莉文小姐向我描述窗外景色，有时我也会分心，想起南希的存在，于是便将它抱在怀里——我会产生愧疚心，怪自己冷落了它，但继而会自我安慰地想：它在睡觉，不便打搅。

鉴于以后恐怕再也没有机会提到南希了，在此我想讲一讲抵达波士顿时它的一段悲惨遭遇。当时，它身上脏极了——在火车上，我曾经强迫它吃枣泥饼，它却怎么也不愿吃，结果把枣泥弄了它一身。帕金斯学院的洗衣女工见了，便偷偷地把它拿去洗了个澡。可怜的南希这可就大难临头了。等我再见到它时，它已成了一堆乱棉花，要不是它那两个用珠子做的眼睛以怨恨的目光瞪着我，我简直都认不出它了。

话说火车最终抵达波士顿站时，就好像一个美丽的童话故事变成了现实。"很久很久以前"变成了"现在",那个"遥远的国度"变成了"近在眼前"。

一到帕金斯盲人学院,我就和那里的盲童交上了朋友。当我知道他们会手语时,心里高兴得简直无法形容——我终于可以用自己的语言同其他孩子交流了,怎能不叫人兴奋!在这之前,我一直像个外国人,得通过翻译同人说话。而来到这里,一个劳拉·布里奇曼曾经就读过的学院,就等于回到了我自己的国家。过了一些时间我才明白了一个现实:原来我新结交的朋友也都是盲人。我知道自己看不见,但万万想不到那些围着我又蹦又跳、活泼可爱,和我一道无忧无虑嬉戏玩耍的小伙伴也看不见。至今还记得,当我发觉他们把手放在我的手上和我谈话,读书也用手指触摸时,我是多么惊奇,又是多么痛苦啊!虽然院方已经事先告诉过我这种情况,我也知道自己身体上的缺陷,但我一直模模糊糊地觉得:既然他们可以听到,必然是有某种"第二视觉"。万万没有想到,原来一个又一个孩子也像我一样丧失了宝贵的视力。不过,他们是那样快活、知足,和他们在一起快乐地玩耍,我也就不再感到痛苦了。

在波士顿,和盲童们在一起,我感到好像在自己家里一样自在。日子一天天飞快地过去,每天我都精神愉快,玩完一个有趣的游戏又盼望着玩另一个游戏。我把波士顿看成是世界之始,也是世界之末,我几乎不能相信,除此之外还有其他更广阔的世界。

在波士顿期间,我们参观了邦克山①。在那里,我学到了第一堂历史课。当我知道我们所处的位置就是英雄们曾经战斗的地方时,不由心潮澎湃。我数着一级级台阶,越爬越高,心里面想象着英雄们奋勇攀爬,居高临下向敌人射击的情形。

次日我们乘船去普利茅斯。这是我第一次海上旅行,也是第一次乘轮船。这趟旅行真是激动人心,充满了活力。不过,机器的隆隆声使我感到像是在打雷,心想若下了雨,便不能在户外野餐了,心中一急,竟哭了起来。普利茅斯最令我感兴趣的是当年移民们登陆时踩过的那块大岩石。用手摸着这块岩石,我觉得当年移民们历经千难万险创造伟大业绩的情景历历如在眼前。在参观移民博物馆时,一位和蔼可亲的先生送给我一块普利茅斯岩石的模型。我时常把它握在手上,抚摸它那凸凹不平的表面,抚摸岩石中间的一条裂缝以及刻在上面的"1620 年",脑海里浮现出早期移民的一桩桩可歌可泣的事迹。他们的辉煌业绩在我幼小心灵里是多么崇高而伟大啊!我把他们理想化了,认为他们

① 1775 年 6 月,美国爱国者与英军在邦克山交战,爱国者牺牲了大约四百人,而英军阵亡一千多人。

是最勇敢、最无私的英雄,来到异国他乡创建家园。在我心目中,他们不但为自己争取自由,也为其同胞争取自由。但是若干年后,我方知虽然他们的勇气和进取精神令我们的国家大放光彩,但同时他们又大搞宗教迫害,这使得我极为诧异和失望。

在波士顿,我结识了不少朋友,其中有威廉·恩迪科特先生和他的女儿,他们的热情给我留下了许多愉快的回忆。一天,我们登门拜访,去了他们那位于比华利·法姆斯的美丽的家。我们穿过蔷薇园时,两只狗跑来迎接我们,大的叫莱昂,小的长着一身卷毛,耷拉着两个长耳朵,名叫弗里茨。他们家有许多马,跑得最快的一匹叫尼罗特,它把鼻子伸进我的手里,要我拍拍它,给它一块糖吃。这一幕幕情景都给我留下了美好的回忆。他们家附近的沙滩也令我记忆犹新。我生平第一次在真正的沙滩上玩耍。这儿的沙子又硬又光滑,同布鲁斯特的沙子截然不同——彼处的沙子松软,但混有尖利的石块、海草和贝壳。韦德先生告诉我:许多从波士顿起航开往欧洲的巨轮都要经过这里。以后,我又多次见到他,每一次见他,他都是那么和蔼可亲。说实在的,我之所以把波士顿称为"好心城",就是因为他的缘故。

第十一章　接触海洋，心情激荡

帕金斯学院放暑假之前，莎莉文老师就和好友霍普金斯夫人已经安排好了，我们一起要到科德角的布鲁斯特海滨度假。我兴奋极了，脑海里不想别的，净想的是怎样快乐地玩耍以及各种各样有关大海的神奇传说。

那年暑假，印象最深刻的就是海洋。我生活在内陆，别说见大海，就是海水的腥咸味也没有闻到过。不过，我读过一本大厚书名为《我们的世界》，里面有对大海的描述。这叫我颇感兴趣，心里产生了一种强烈的愿望，想触摸一下辽阔的大海，感受感受大海的咆哮。当我知道我的夙愿终于就要实现时，小小的心脏激动得一阵狂跳。

她们一替我换好游泳衣，我便迫不及待地在温暖的沙滩上奔跑起来，毫无畏惧地跳进凉凉的海水里。我感到波翻浪涌，海水一沉一浮的，那欢快的跳动妙不可言，令我高兴得发抖。突然，我的脚不小心碰上了一块岩石，随后一个浪头打在我脸上，吓得我不知所措，那股高兴的劲儿骤然消失。我伸出双手，拼命想要抓住什么东西，可是抓到的只有海水和被海浪冲到我脸上的海草。无论我如何努力都无济于事。浪花好像和我玩耍一样，把我抛来抛去，弄得我晕头转向，真是可怕极了。坚实的大地从我的脚下消失了，那陌生、从四面八方涌来的海水淹没了一切——生命、空气、温暖和爱。后来，大海把我玩厌了，终于又将我抛上了海岸。我的老师立即紧紧地把我抱在了怀里。啊，多么舒服、多么温馨的拥抱啊！当我从恐惧中醒过神后，第一句话就是："是谁把盐放在了海水里？"

有了这一次体验，我就不敢再下水了，乐得穿着游泳衣坐在大岩石上感受海浪是怎样冲击岩石——那一股股海浪涌来，溅起的浪花雨点般落在我身上。海水以雷霆万钧之力冲上海岸，我感到海岸上的鹅卵石被冲得咯吱作响，整个海滩似乎都在呻吟，连空气也随之震颤。一排排的浪冲过来，再退回去，积聚力量，再发起更猛烈的攻击。我死死扒着岩石，紧张而又陶醉，感受着愤怒大海的冲击和咆哮！

守在大海边，徜徉在海岸上，我流连忘返。大海散发出纯净、清新、自由的气息，使我的心归于宁静；贝壳、卵石、海草以及海草中的小生物，都对我有无穷无尽的吸引力。

一天,莎莉文小姐在岸边浅水中捉到一个正在晒太阳的怪模怪样的生物。那是一只个头很大的鳖——我头一次见这样的生物。我用手摸了摸,觉得好生奇怪,想不到它竟然把房子驮在背上。我突发奇想,觉得把它当作宠物还是挺不错的,于是便用双手拽住它的尾巴把它往回拖。那只鳖很重,费了九牛二虎的气力,才拖了半英里,但我很有成就感。回到家里,我缠着莎莉文小姐把它放在了井旁的一个水槽里,我认为它在那儿是很安全的。谁知次日早晨我到水槽那儿,发现它不见了踪影! 没有人知道它跑到哪里去了,也没有人知道它是如何溜走的。一时间我又失望又气恼,但后来渐渐意识到:强迫那个可怜的生物离开它生长的地方是不道德的,也是不明智的。过了一段时间,我心想它大概回到了大海里,于是心情就又好了起来。

海伦·凯勒自传

第十二章　回到家乡, 依傍在亲人身旁

那年秋天, 我满载着美好的回忆, 回到了南方家乡。每当回想起这次北方之行, 回想起这段丰富的人生经历以及层出不穷的有趣事件, 我心中便充满了欢乐。这次旅行似乎拉开了我认识世界的序幕。一个清新、美丽的世界把它所有的宝藏置于我的脚下, 每次观赏那些宝贝, 我心里都会感受到欢乐, 都会获取新的知识。我用整个身心来感受世界万物, 一刻也闲不住。我生命中充满了活力, 恨不得像那些朝生夕死的小昆虫, 把一生挤到一天之内, 做到分秒必争。我遇到了许多人, 他们都把字写在我手心里与我交流——我们的思想在碰撞, 产生了共鸣。这一切简直就是奇迹! 我们的心与心之间原来是寸草不生的荒漠, 现在成了百花盛开的沃野。

秋季的几个月, 我是和家人在我们的避暑小别墅度过

的。别墅坐落在山上,离塔斯坎比亚小镇大约十四英里。由于跟前有一个早已废弃的采石场,于是别墅起名叫"羊齿草采石场"。高山上的岩石间泉水叮咚,众流汇集成小溪,嬉闹着流经采石场,遇到石块阻路,小溪就一蹦一跳地绕过去,身后留下一串串笑声。凡是有空隙的地方都长满了羊齿草,这种植物把采石场的地面遮得严严实实,有的地方甚至把小溪也盖住了。山上树木茂密,有参天的橡树,也有枝叶茂盛的常青树和柿子树——长青树上藤缠蔓绕,树干犹如布满了苔藓的石柱,而柿子树香气馥郁,那香气弥漫在树林的每一个角落,沁人心脾,令人心神欲醉。有些地方,野葡萄从这棵树上攀附到那棵树上,形成许多由藤条组成的棚架,彩蝶和蜜蜂在棚架间飞来飞去,忙个不停。傍晚时分,置身于密林深处的万绿丛中,吸几口大地在薄暮中散发出的清爽宜人的香气,你一定会感到心旷神怡。

我们家的别墅位于山巅,周围是一片橡树和松树的林海,虽然简陋,但环境优美。别墅的房间很小,分为两排,中间夹着一条露天长廊。房屋的四周是一圈宽宽的游廊,风一吹过,便弥漫着从树上散发出的香气。我们的大部分时间是在游廊上度过的——在那里上课、吃饭、做游戏。后门旁边有一棵高大的灰胡桃树,周围砌着石阶。屋前的树离游廊很近,伸手就可以摸到树干,可以感觉到风在摇动树

　　　　　　　　　　　　海伦·凯勒自传

枝,树叶在秋风中纷纷飘落。

"羊齿草采石场"总是宾客盈门。到了傍晚,男士们在篝火旁打牌、聊天、做游戏消磨时光。他们海阔天空地吹牛,讲述他们钓鱼和捕猎的神奇经历,讲述他们打了多少只野鸭和火鸡,捉住多少凶猛的鲑鱼,怎样用口袋捉狡猾透顶的狐狸,怎样用计捉住灵敏的黄鼠,如何出其不意地捉住跑得飞快的鹿。听了他们绘声绘色的讲述,我心想:遇到这些智多星猎人,豺狼虎豹是想逃都逃不了的。最后,这些欢乐的伙伴散开去睡觉,互道晚安时会说:"明天猎场上见!"他们就睡在我们房间外的大厅里,每人一张临时搭起的床铺,我可以感觉到猎犬沉重的喘息声以及他们如雷的鼾声。

破晓时分,我便被咖啡的香味、咔嚓咔嚓拉枪栓的声音以及猎人们来回走动的脚步声吵醒。他们相互祝愿,愿对方狩猎时交好运。我还可以感觉到马蹄的声音——这些马是猎人们从城里骑来的,拴在树上过了一整夜,此时发出阵阵嘶鸣,迫不及待地要出发上路。最后,猎人们一个个飞身上马疾驰而去,马鞭清脆,马具咯吱响,猎犬在前引路,人人逞英豪,正如古老的狩猎歌中所唱的那样:"马蹄声阵阵急,呐喊声嘹亮,喧闹声直冲云霄!"

上午,我们开始为烤肉会做准备——在地上挖深坑当土灶,灶里点上火,用粗大的棍子交叉架在火上,把肉吊在架子上烤，不停地翻动。几个黑人仆人守在火炉旁，挥动长长的枝条赶苍蝇。烤肉散发出扑鼻的香味儿，餐桌还未摆好，我就饥肠辘辘了。

正当我们热火朝天地准备烤肉会时，猎人们三三两两地回来了。他们又累又热，马嘴里吐着白沫，猎犬精疲力竭，喘着粗气，个个垂头丧气——他们竟然一无所获！猎人们每个人都说至少看见了一只鹿，而且近在咫尺，眼看猎犬要追上，举枪要射击时，却突然不见了踪影。他们的运气真好像童话故事里的那个小男孩——小男孩说他差点儿发现一只兔子，其实他看见的只是兔子的足迹。很快，猎人们便把不愉快的事统统丢到了脑后。大家坐下来享用美餐，但吃的不是猎来的鹿肉，而是家养的牛肉和猪肉。

这年夏天，我在"羊齿草采石场"养了一匹属于自己的小马。我叫它"黑美人"，这是我刚看完的一本书的名字。这匹马和书里的那匹马很相似，二者都有一身黑油油的毛，额头上都有白星。我骑在它的背上度过了许多快乐的时光。马温驯时，我的老师就把缰绳松开，让它自己去溜达——它一会儿停下来吃草，一会儿又啃小路旁树上的叶子。

有时我不想骑马，吃过早饭后就和我的老师到林中散步，徜徉于大树间和野藤下——密林中没有大路，只有牛马

海伦·凯勒自传

踏出的羊肠小道。经常有茂密的灌木阻住我们的去路,我们只好绕道而行。每一次我们都满载而归,怀里抱着一束束月桂树叶、秋麒麟草、羊齿草等南方特有的花草。

有时候,我会和胞妹米尔德里德及表姐妹们去摘柿子。我不爱吃柿子,但我喜欢闻它们的香味,喜欢在草丛和树叶堆里寻找它们。我们有时还去采各种各样的山果,我帮她们剥栗子皮,帮她们砸山核桃和胡桃的硬壳——那胡桃仁真是又大又甜!

山脚下有一条铁路,我们常站在山头看火车,望着火车风驰电掣般地驶过。有时它发出刺耳的长鸣,吓得我们连忙往屋里跑。米尔德里德会兴奋地告诉我,火车司机见有一头牛或一匹马在轨道上走,这才拉响了汽笛。一英里开外有一条深谷,深谷上架着一座铁路桥,枕木间的距离很大,而枕木又细又窄,走在上面提心吊胆,仿佛脚下踩的是尖刀。我一直没敢到上面去过,后来有一天才有了第一次尝试。当时,莎莉文小姐带着我和米尔德里德在树林中迷失了方向,转了好几个小时也没有找到路。

突然,米尔德里德用小手指着前面高声喊道:"铁路桥!铁路桥在那边!"其实,我们宁愿走其他任何一条艰难的小路,也不愿过这座桥的,无奈天色已晚,夜色在降临。铁路桥是回家的捷径!我只好踮着脚,摸索着踩着枕木向前走去。不过,我没有感到害怕,一路顺顺当当的。后来,远处猛然间隐隐约约传来了"噗噗、噗噗"的声音。

"火车来了!"米尔德里德喊道。我们要不是立即伏在交叉状的栏杆上,很可能顷刻间就会被轧得粉碎。火车喷出的热气扑打在我脸上,喷出的煤烟和煤灰呛得我们几乎透不过气来。火车轰隆隆驶过,铁路桥在颤动、摇晃,我真怕会被晃下桥去,跌入万丈深谷。费了很大的劲,我们才振作起精神重新上路,回到家时天已黑透,屋里却空无一人——原来,所有的人都出去寻找我们了。

第十三章　银装素裹,北国风光

自从去了一趟波士顿,以后每年的冬天我几乎都在北方度过。有一次,我到新英格兰的一个村庄去过冬,见到了冰封的湖泊和辽阔的雪野。以前没有机会探索冰雪世界的奥秘,而今天赐良机,使我步入了一个神秘的天地。

大自然用神秘的手剥去了大树和灌木的外衣,仅留下了几片枯叶。鸟儿飞走了,光秃秃的树上只剩下了堆满积雪的空巢。群山和旷野,到处是一派萧瑟的景象。冬天施展魔法,令大地冰封万里,连树精也唯恐躲避不及,悄然退缩到树根下,蜷缩在黑暗中蒙头大睡。所有的生命似乎都在萎缩、凋零,甚至连太阳高悬时的白天也变得蔫巴、冰冷,仿佛它的血管已经枯萎衰老——它有气无力地爬起来,只是为了用昏花的老眼最后看一看大地和海洋。

　　枯草和灌木上结了冰凌,变成了一个个和一片片的冰柱。忽一日朔风突起,眼看暴风雪即将来临。没多久,雪花开始飘落,我们跑到屋外,用手去接那满天飞舞的晶莹雪片。大雪无声无息、纷纷扬扬地从天空中飘落到地面,一连几个小时下个不停,使得原野变成了一马平川,白茫茫一片。一夜过后,整个世界变了样,原貌尽改,让人几乎都认不出来了。道路被白雪覆盖,看不到一个可以辨认道路的标志,唯有光秃秃的树林在雪地里矗立着。

　　傍晚,突然刮起了一阵东北风,狂风把积雪卷起,雪花四处飞扬。我们围坐在熊熊的炉火旁,讲故事、做游戏,完全忘却了自己困守屋内,与外界断了联系。夜里,风越刮越猛,到处肆虐,令我们心生恐惧。整个地区处处都有呼啸的风声,屋顶被风刮得嘎吱作响,屋外的大树左右摇摆,树枝不停抽打在窗户上。

一直到第三天，大雪才停了下来。太阳从云层中探出头，照耀在辽阔无边、白雪皑皑、一起一伏的平原上，到处可见奇形怪状的雪丘，有的就像金字塔一样，积雪形成的雪堆星星点点，遍及四方。

人们在雪地里铲出了一条条狭窄的小路，我披上头巾和斗篷走了出来。空气冷飕飕的，刺在脸上火辣辣疼。我们走小路、踏积雪，深一脚浅一脚地来到了一片松林跟前，旁边是一大片宽阔的草场。松树矗立在雪地中，披着银装，像是大理石雕成一样，却没有了松针的芬芳。阳光照在树上，而白雪覆盖的树枝就好像钻石般熠熠闪光，轻轻一碰，枝头上的积雪便纷纷落地。那阳光实在太刺眼了，甚至穿透了我这盲人眼前的黑暗。

一天天过去，积雪在慢慢融化，但在彻底消失之前，又一场暴风雪席卷了大地。整个冬天，几乎只见白雪，不见大地。树木上结了冰凌又融化，融化了再结。

那年冬天，我们最喜欢玩的是滑雪橇。湖岸上有些地方非常陡峭，我们就从陡坡上往下滑。大家在雪橇上坐好，一个孩子使劲一推，雪橇便往下猛冲。穿过积雪，跃过洼地，径直向下面结了冰的湖泊冲去，掠过闪闪发光的湖面，箭一般冲到湖的对岸。真是好玩极了！简直令人欣喜若狂！在风驰电掣的一刹那,我们似乎摆脱了大地的束缚,像神仙一样驾着一阵风在空中翱翔。

第十四章　学会说话,创造奇迹

1890 年春,我开始学说话。我心里老早就有一种强烈的愿望,想发出声来。我常常把一只手放在喉咙上,另一只手放在嘴唇上,发出声音,感受嘴唇的蠕动。对任何声音,我都抱有浓厚的兴趣,喜欢用手去摸猫和狗,感受它们的叫声。有人唱歌,我就用手摸歌手的喉咙,有人弹钢琴,我则用手去摸钢琴。

在失聪失明之前,我咿呀学语,学说话学得很快,可大病之后,由于听不见,也就丧失了说话的能力。我整天坐在母亲的膝上,把手放在她的脸上,这样也就可以感觉到她嘴唇的开合,觉得很好玩。虽然我早已忘了说话是怎么回事,但也学着大家的样子蠕动自己的嘴唇。亲友们说我哭和笑的声音都很自然。有一段时间,我喜欢发出各种各样的声音,嘴里还会说出几个单词,倒不是想跟别人交流,而是在不由自主地锻炼自己的发音器官。只有一个字的意思,我发病后依然能记得,那就是"水",经常含混不清地念叨这个字。后来就连这个字也逐渐说不出来了。莎莉文小姐来后又教了我这个字,我学会了用手指拼写。

我早就知道,周围的人彼此交流所用的方法跟我的方法是不同的。甚至在知道耳聋的人也能学会说话之前,我已开始对自己的交流方法感到不满意了。一个人完全靠手语和别人交流,总是有一种被约束和受限制的感觉。这种感觉搅得我心神不宁、情绪沮丧,我迫不及待地想弥补这个不足。我常常急得像小鸟使劲扑打翅膀那样,一个劲儿地鼓动嘴唇,想用嘴说话。亲友们却给我泼冷水,唯恐我的努力会化为镜花水月,最后以失望告终。但我毫不气馁。后来发生了一件事情,让我冲破了一切阻挠——我听说了朗希尔德·卡塔的经历,决定学说话。

1890 年,拉姆森夫人(此人也曾教过劳拉·布里奇曼)刚从挪威和瑞典访问归来,随后来探访我。她告诉我,说挪威有一个又盲又聋的女孩,名叫朗希尔德·卡塔,已经学会了说话。接着,她讲述了那个女孩是如何获得成功的。没等她讲完,我心里便激情燃烧,下定决心非学说话不可。我闹着要莎莉文小姐带我去赫尔瑞斯曼学校,找该校的校长萨拉·富勒小姐,请求她帮助我,给我提供建议。这位和蔼可亲的女士愿意亲自教导我。于是我从 1890 年 3 月 26 日起,开始跟她学说话。

富勒小姐的教学法如下:她发音的时候,让我把手轻轻放在她的脸上,感受到她的舌头和嘴唇是怎么动的。我很用心地模仿她的每一个动作,不到一小时便学会了用嘴说 M、P、A、S、T、I 这 6 个字母。富勒小姐总共给我上了十一堂课。当我第一次说出“天气很温暖”一整句话时,心里别提有多惊喜了,那种感觉终生难忘。这句话固然说得断断续续,而且还有些结巴,但这毕竟是人类的语言。我感觉到一种新的力量油然而生,斩断了束缚我灵魂的枷锁——通过这些支离破碎的语言符号,我在阔步走向知识和思想的王国。

一个耳聋的孩子如果迫切想用嘴说出那些他从来没有听见过的词语,想走出寂静无声的世界,走出那个听不到爱的语言、鸟儿的歌声和美妙音乐的牢房,那么,他第一次说出话来时,一定会感到惊奇和狂喜,此情此景他一辈子也不会忘掉的。只有这样的人才能体会得到,我当时是怀着多么热切的心情同玩具、石头、树木、鸟儿以及不会讲话的动物说话的;也只有这样的人才知道,当米尔德里德能听懂我的招呼,我的狗能听从我的命令时,我内心是何等喜悦。我学会了说话,再也不需要别人帮我翻译了,真是天赐的恩惠,有着难以尽数的方便。这下子,心里有了高兴的事,便可以说出来,而靠手语表达,再努力也是办不到的。

不过,千万不要以为在这短短的时间内,我真的就能说话了。我只是学会了一些说话的基本要领,而且只有富勒小姐和莎莉文老师能够明白我的意思,其他人只能听懂其中很小一部分。要领是掌握了,但仍无法自我完善。倘若没有莎莉文老师独具一格的教学方法、坚持不懈的努力和无私的奉献,我不可能取得那么大的进步,学会自然地说话。最初,我夜以继日地苦练,才使我最亲近的朋友能听懂我的意思。随后,在莎莉文小姐持续不断的帮助下,我反反复复练习发准每一个字的音,接着便采用各种各样的方式将相关的音组织成句。直至今日,她还是每天不断地纠正我发错的音。

天下只有哑童的老师才知道其中的艰辛,也只有他们才能体会到我克服了多么大的困难。学习时,我完全是靠手指感觉莎莉文小姐嘴唇的蠕动,靠触觉感知她喉咙的颤动、嘴的运动和面部表情,而这往往是不准确的。一旦出错,我就反反复复地练,把那些说错了的单词或句子重复练千遍万遍,一连数小时不休息,直至自我感觉良好为止。我勤奋学习,苦练不休,虽然也有心灰意冷、想打退堂鼓的时候,但一想到不久便能学会自如地表达自己的意思,让自己所爱的人看到我取得的成就,便重新振作起精神投入到学习中去,渴望露一手让他们高兴高兴。

"妹妹就要能听懂我的话了。"——这成了鼓励我战胜一切困难的坚强信念。我常常欣喜若狂地反复念叨:"我现在不是哑巴了!"一想到我将能够自由自在地同母亲谈话,能够理解她用嘴唇做出的反应,我就充满了信心。当我发现,用嘴说话要比用手指拼写表达意思容易得多时,真是惊讶不已。于是,我索性放弃了手语字母,不再用它与人交流了。但莎莉文小姐和一些朋友依然用这种方式同我交谈,因为和唇读法相比,手语字母更方便些,我理解得更快些。

在这里,也许我应该说明一下手语字母的用途。那些不了解我们的人可能对什么是手语字母困惑不解。跟我进行交流,就得会用聋哑人的那种手语拼写。我把手轻轻地放在说话者的手上,一方面不妨碍其手指的运动,另一方面又能很容易地感觉到他手指的运动。我的感觉和人们看书一样,感觉到的是一个个字,而不是单个的字母。同我谈话的亲友由于手指经常运动,因而手指运用得灵活自如,有些人字母拼写得非常快,就像熟练的打字员在打字机上打字一样。当然,熟练的拼写同写字一样,也成了我不知不觉中掌握的本领。

　　跟着富勒小姐学习,能用嘴说话以后,我便迫不及待地想赶回家去。这一最幸福的时刻终于来到了,我踏上了归途。一路上,我冲着莎莉文小姐不停地用嘴说话,这并不是为了说话而说话,而是为了抓紧一切时机尽量提高自己的说话能力。不知不觉中,火车已经驶进了塔斯坎比亚车站。全家人候在站台上迎接我的归来。下了火车,母亲一下子把我搂在怀里,全身颤抖着,兴奋得说不出一句话,默默无声地倾听我发出的每一个音符。小妹妹米尔德里德抓住我的手不住地亲吻,高兴得直跳。父亲站在旁边一言不发,但沉默中表现出的则是为我而感到的自豪和深深的爱。直到现在,我一想到此情此景,还会禁不住热泪盈眶,真好像是以赛亚①的预言在我身上得到了应验:"山河为你而歌唱,旷野里的林木为你而鼓掌!"

----

① 《圣经·旧约》中的人物,希伯来的大预言家,是《以赛亚书》的作者。

第十五章　初试笔锋,意外折戟

1892 年冬,一片乌云袭来,遮暗了我童年时代那原本明朗的天空。我心里没有了欢乐,长时间沉浸在疑虑、忧愁和恐惧之中,书本也对我丧失了吸引力。直到现在,一想起那些可怕的日子,我依然不寒而栗。那时,我写了一篇题为《霜王》的短篇小说,寄给了帕金斯盲人学院的安纳诺斯先生,没想到惹来了麻烦。为了澄清此事,我必须把事情的真相写出来,以讨回我和莎莉文小姐应该得到的公道。

我是在学会说话后的那个秋天,在家中写了这篇故事。当时我们到"羊齿草采石场"别墅度假,住的时间比往年要长。树叶金黄,美不胜收,莎莉文小姐把看到的美景描绘给我听。她的描述使我想起了一个故事,那是别人念给我听的,我无意中便记住了。我思如泉涌,生怕灵感消失,立刻坐下来把记忆里的那个故事写了出来,还以为自己是在"创作故事"呢。我沉浸在写作的快乐之中,将心里的千言万语以及美丽的景象诉诸笔端,铺陈在盲文写字板上。现在,如果我毫不费劲地写出什么词句和段落,那我敢断定,它们并非我头脑中的产物,而是拾人牙慧,从哪个地方捡来的。但那时候的我求知若渴,接触到文章或书,根本不管作者是何人。就是现在,我也常常分不清楚哪些是我自己头脑里的东西,哪些是别人写在书里的东西。我想,这也许是我对事物的印象大都是通过别人的眼睛和耳朵得到的缘故吧。

故事写完后,我念给我的老师听。当时的情景我至今仍记忆犹新——我为那精彩的描述而自我陶醉,中途老师为我纠正发音,我还有些气恼呢。吃饭时,我又念给全家人听,他们都惊讶不已,想不到我的文笔竟这么好,也有人问我是不是从哪本书里看到的。

这个问题使我颇感意外——我根本记不起有谁给我读过这篇故事。于是,我大声回答说:"不是,这是我自己创作的,我要把他献给安纳诺斯先生。"

我给这篇故事取名叫《秋叶》,誊写一遍,准备寄给安纳诺斯先生为他庆生。有人建议我把标题改为《霜王》,我照着做了,然后亲自拿到邮局去邮寄,得意得有一种飘飘然的感觉。我做梦也没有想到,就是这一件生日礼物使自己深陷祸水,难以自拔。

安纳诺斯先生非常喜欢这篇小说,把它刊登在了帕金斯学院的院刊上。这使我得意的心情达到了巅峰,但很快又跌入了低谷。我到波士顿没多久,就有人发现:《霜王》与玛格丽特·坎比小姐的一篇名叫《霜仙》的短篇小说十分类似,这篇文章在我出世以前就已写成,收在一本名叫《小鸟及其好友》的集子中。两个故事在思想内容和词句上都非常相像,因而有人说我读过坎比小姐的文章,我的小说有剽窃之嫌。起初,我并不了解问题的严重性,但当我了解以后,感到既惊讶又难过。我当时苦闷极了,任何别的孩子恐怕都没有我那般痛苦。我不但自己丢人现眼,还让我最爱的那些人也受到了猜忌。这究竟是怎么一回事呢? 我绞尽脑汁,竭力回忆自己在写《霜王》之前是否读过描写"霜"的文章或书籍。我什么都想不起来了,只模糊记得有谁提到过杰克·费罗斯特①这个人,还记得看过一首儿童诗,题目叫《霜的任性》。不过,无论是杰克·费罗斯特的作品还是那首儿童诗,我在写作时都没有引用。

最初,安纳诺斯先生虽然因此受到了很大的影响,但他似乎仍相信我是清白的。他对我异常好,异常和蔼可亲,使我暂时将自己的烦恼抛在了一旁。为了让他高兴,我强颜

---

① 费罗斯特的英文是 Frost(霜)。

欢笑,尽量表现出一副神情愉快的样子,积极参加华盛顿诞辰的庆典(在我被怀疑剽窃的事件发生之后没多久,这一盛典便接踵而至)。

在同学们演出的一场假面剧中,我扮演了谷物女神。我至今还记得,那天我穿着一身颇为漂亮的服装,头戴一个用色彩斑斓的秋叶扎成的花环,脚前堆放着水果和谷物,手里拿的也是水果和谷物。我戴的是一副欢乐的面具,内心却沉甸甸的,充满了忧伤。

庆祝活动的前夕,学院的一位老师又问起了有关《霜王》的事情。我告诉她,说莎莉文小姐曾和我谈到过杰克·费罗斯特和他杰出的作品。不知怎的,我说的某些话却使她产生了误判,认为我记得坎比小姐的小说《霜仙》。虽然我一再强调她理解错了,但她还是把这一错误结论告诉了安纳诺斯先生。

一向对我和蔼可亲的安纳诺斯先生听信了这位老师的话,认为我欺骗了他,对于我无辜的申辩充耳不闻。他坚信(或至少怀疑)我和莎莉文小姐故意窃取别人的作品,以博得他的称赞。紧接着,我被带到一个由帕金斯学院的老师和领导组成的“法庭”上接受质询。他们没有让莎莉文小姐参加。他们反复盘问我,问了一遍又一遍,使我感到这是在强迫我承认有人给我读过《霜仙》这篇作品。从他们提出的每一个问题中,我感觉到的是怀疑和不信任,而且我也感到安纳诺斯先生正在以责备的眼光瞧着我。那种感受是无法用语言表达出来的。我浑身发热,心乱跳,几乎连话都说不出来了,回答时只能说几个单音节的词。虽然我知道这纯粹是一场可怕的误会,可是却无法减轻自己内心的痛苦。最后盘问结束,让我离开时,我觉得头晕目眩,没有留意莎莉文小姐的关爱的抚摸以及朋友们的安慰——朋友们说我是个坚强的小姑娘,他们为我感到骄傲。

那天晚上,我躺在床头泪如雨下,恐怕很少有孩子哭得像我那么伤心。我感到浑身发冷,觉得自己是活不到天亮了,这么一想,心里反倒安静了下来。现在想起来,如果这件事发生在年龄较大的时候,一定会使我精神崩溃的。幸好在那段悲苦的日子里,"遗忘天使"淡化了我的忧愁和痛苦。

莎莉文小姐从未听说过《霜仙》这篇小说,也没有听说过收录这篇小说的文集。在亚历山大·格雷厄姆·贝尔医生的协助下,她仔细调查了这件事,最后发现:索菲亚·霍普金斯夫人在 1888 年有一本坎比小姐的书《小鸟及其好友》,正是那年夏天,我们和她正好在布鲁斯特一起度假。霍普金斯夫人已经找不到那本书了,不过她对我说:当时莎莉文小姐有事离开了我们,为了给我解闷,她常常从各种各样的书中找些有趣的故事念给我听。虽然她同我一样,不记得念过《霜仙》这篇小说,但她确信她曾从《小鸟及其好友》这本书中挑选小说给我念过。她解释说,她在把布鲁斯特的那所房子卖掉之前,曾处理了许多儿童读物,诸如小学课本、童话故事之类。《小鸟及其好友》或许也在那时给处理掉了。

那时候,我对故事书兴趣不大,或者说压根不感兴趣,但故事中那些稀奇古怪的拼词,却引起了我这个没有任何其他娱乐的孩子的浓厚兴趣。虽然读故事书的情景我现在一点儿也想不起来了,但我不能不承认,当时我曾极力想记住那些生词,待老师回来后,好让她讲解给我听。有一点是肯定的:书中语言在我的脑海中留下了不可磨灭的印象——这一点长期不为人所知,反正我自己是丝毫不知。

莎莉文小姐回来后,我没有跟她提起《霜仙》这篇小说,也许是她一回来就给我读《小爵爷方特勒罗伊》,使我脑子里没有多余的空间来想其他事的缘故吧。但霍普金斯夫人的确曾给我念了坎比小姐的那篇小说,在我忘掉了很久以后,它却自然而然地浮现在我脑海里,以致我丝毫没有觉得它是别人思想的产物。

在痛苦中挣扎的我收到了许多向我表示同情和问候的来信。我所爱戴的所有好友(只有一个例外)始终和我站在一起，至今仍不改初衷。

坎比小姐更是亲自写信鼓励我："将来总有一天你会写出自己的巨著，使许多人从中得到鼓舞和帮助。"但是，这一充满了善意的预言却一直未曾实现。从那以后，我再也不敢做文字游戏了，不敢把写作当好玩的事情了，总是提心吊胆，生怕写出来的东西不是自己大脑创作的。在很长一段时间里，甚至给妈妈写信时，我都会突然产生恐惧感，总是一遍又一遍地反复念每一个句子，直到肯定确实不是哪本书中读过的句子。若非莎莉文小姐坚持不懈地给予我鼓励，我也许再也不会去尝试写作了。

后来，我找来《霜仙》看了一遍，再看我那时写的一些信，结果发现我的观点与坎比小姐的看法多有雷同之处，而1891 年 9 月 29 日写给安纳诺斯先生的那封信，所用词句简直跟那篇小说一模一样。我写的《霜王》那篇小说，跟我写的许多信一样，遣词造句处处可以看出我的大脑已经深深受到《霜仙》的影响。我想到我的老师向我描述秋季金色的树叶挂满枝头的景色，便写道："啊，夏日时光似流水，看一眼美景解千愁。"而这正是坎比小姐那篇小说中的句子。

被自己喜欢的观点同化，然后当作自己的想法写出来，这种情况常常在我早年的信件和初期的作品中出现。在一篇描写希腊和意大利古城的文章中，我套用了一些现在已经遗忘出处但是词句绚丽又变幻多端的描述。我知道安纳诺斯先生非常喜欢古迹,对意大利和希腊的那些美丽的遗迹更是情有独钟。因而我在读书时,便特别细心地从诗集和史书中摘录能取悦他的片段,而安纳诺斯先生在称赞我的那篇描写古城的文章时说:"诗情画意尽在其中。"我不明白,他怎么就相信一个又盲又聋的十一岁孩子能创作出这样的作品!不过,我也觉得:文章中的观点不能因为不是作者首创,就应该被看成一文不值。这毕竟说明我已经能够运用清晰生动的文字,来表达我对美好富有诗意的意境的欣赏了。

早期作品只不过是智力训练。像所有缺乏经验的小作者一样,我在通过同化和模仿学着用文字表达内心的思想。读书时,一旦遇到自己喜欢的词句,我便有意或无意地记在脑海里,以后为我所用。英国著名作家史蒂文森曾经说过:初学写作的人,一般都会本能地模仿自己最钦羡的作品,然后将最喜欢的词句用于自己的作品。哪怕是伟大的作家,也要经过多年的实践,才能学会驾驭语言的本事,从四面八方收集精彩的词句,为己所用。

恐怕直到现在,我仍然没有走完这一过程。说真的,我常常分辨不清哪些是我自己的思想,哪些是我从书里看来的,书上的东西已成为我的思想不可分割的一部分。结果在我所有的作品中,内容都是东拼西凑的,有点像我学缝纫时,用碎布拼凑成的衣服,虽然是各式各样、七零八碎的布片拼成,也掺有漂亮的绸缎和天鹅绒,但粗布头却占绝大部分,难登大雅。我的文章中,凡是我自己独创的词句或思想均粗糙、幼稚,而引用别人书中的则精彩、成熟。依我看,写作的一大困难是:当自己所想到的东西,还不是很有条理,一半是感觉一半是思想,只不过是掠过心头的几缕思绪时,如何用所学到的语言来把它们表达出来。写作非常像猜谜语,我们脑子里先有了一个图样,然后用语言把它描绘出来。但有时想出来的词不一定恰当——即便恰当,也不一定符合主题思想。而意志坚定者会持之以恒地努力,不达目的誓不罢休——正所谓"天下无难事,只怕有心人"!

史蒂文森曾说:"人并非生而知之,而是学而知之。"也许我没有什么创作的天赋,但还是希望有朝一日,我的作品能够脱胎换骨,去除浮华和假饰,用纯真的语言表达内心的思想和叙述自己的人生经历。就是凭着这样的希望和信念,我锲而不舍地坚持写作,竭力不让《霜王》事件给我带来的痛苦成为前进路上的拦路虎。

从另一方面说,这桩不愉快的事件对我也不无好处,它迫使我认真地思考关于写作的一些问题。唯一遗憾的是,它使我失掉了一位最亲密的朋友——安纳诺斯先生。

我的文章《我的人生故事》在《妇女家庭杂志》上发表了以后，安纳诺斯先生写给麦西先生一封信，信中说：当《霜王》事件发生的时候，他就相信我是无辜的。他说那个质询我的"法庭"由八个人组成——四个盲人和四个眼睛能看得见的人；其中有一半认为我当时心里明白有人给我念过坎比小姐的那篇小说，而另一半则持不同的观点。安纳诺斯先生说，他当时是站在后一种人一边的。

但不管怎么说，不管安纳诺斯先生站在哪一方，当我走进那间屋子，发觉里面的人对我抱有怀疑态度时，我感到有一种敌对的气氛，有一种不祥的预感——后来发生的事果然证实了我的预感。在这以前，也正是在那间屋子里，安纳诺斯先生经常把我抱在膝上，放下手里的工作，陪我玩上一阵子。在以后的两年中，安纳诺斯先生似乎坚信我和莎莉文小姐是无辜的。后来不知怎么，他改变了看法。至于当时调查的细节，我也无从得知。"法庭"成员并没有直接跟我说话，甚至连他们的名字我也叫不出来。当时我忐忑不安，顾不上去注意其他事情，心里害怕得要命，什么也不敢问。实际上，我都不清楚自己在说什么，也不太理解他们在问什么。

在此，我把《霜王》这件事的始末原原本本写出来，因为它对我早期的生活和教育影响极大，同时也是为了消除误解。我只是陈述事实,既不想为自己辩解,也不想埋怨任何人。

第十六章　坚持不懈,砥砺前行

《霜王》事件发生后的那年夏天,我回到亚拉巴马,和家人在一起享受天伦之乐,一直待到冬天。回想起重返家乡的情景,我至今心里仍充满了欢乐。

踏上故土,那儿百花竞相开放,争奇斗艳。我心情舒畅,一时忘掉了《霜王》带来的苦恼。

夏天过去,秋天来临,大地铺上了一层深红色和金黄色的秋叶,花园尽头的葡萄架上那一串串的葡萄在阳光的照射下渐渐变成了酱紫色。这时,我开始写文章描述自己的人生经历——此时离我的《霜王》事件已一年之久。

对于自己所写的每一句话,我仍然心存疑虑,故而殚精竭虑,生怕有剽窃之嫌。我的这种恐惧感,只有我的老师理解。我不知为什么变得非常敏感,不愿再提起《霜王》。有时在谈话中,某种思想从心头闪过,我会用盲语对我的老师说:"我不敢肯定这是不是我自己的思想。"写作时亦是如此——我常常中途辍笔,自言自语道:"万一被人发现这段话是别人在很久以前就写过的,那该如何是好!"此念一出,我便吓得手发抖,一整天都不敢再写什么东西了。即便是现在,我有时也会产生那种焦虑不安的心情。莎莉文小姐想尽一切办法安慰我和帮助我,但那次可怕的经历在我心灵上留下了永久性的后遗症,其影响力我现在才开始理解。她期望我能恢复自信,便鼓励我为《青年之友》撰稿,写一篇短文,介绍我的人生。当时我只有十二岁,写这样的文章是很吃力的。现在回想起来,我那时似乎已经预见到了将会从这次写作中获益匪浅,否则我一定写不出来的。

在老师的鼓励下,我谨慎小心、心惊胆战,但却不屈不挠地笔耕不辍——莎莉文小姐深知只要我持之以恒,一定能重新树立信心,发挥自己的聪明才智。《霜王》事件发生之前,我像其他孩子一样,过着无忧无虑的生活,但后来我变得深沉了,经常思考一些抽象的东西。过了一段时间,我逐渐摆脱了那一段经历给我投下的阴影,经过磨炼,我的头脑变得比以前清醒了,对生活有了深刻的认识。

1893 年,我生活中的几件大事是:克利夫兰总统宣誓就职时,我去华盛顿旅行,后来又去尼亚加拉瀑布游览,并参观了世界博览会。在这种情况下,我的学习受到了影响,常常一耽搁就是好几个星期,所以关于这段时期学习和写作生活的叙述不可能是连贯的。

我们是在 1893 年的 3 月去的尼亚加拉瀑布。站立在瀑布边的高崖上,只觉得空气颤动,大地震抖,此时此地的激动心情非笔墨所能形容。

许多人都感到奇怪,不明白我这样又盲又聋的人怎么也能领略尼亚加拉瀑布的奇观胜景。他们老是这样问我:"你既看不见波翻浪涌的盛景,又听不见瀑布雷鸣般的怒吼,怎么能欣赏得了它的美呢?游览尼亚加拉瀑布有什么意义呢?"其实很明显:它对我的意义重大极了。正像"爱""宗教"和"善良"不能以斤称以斗量一样,它对我的意义也是无法估量的。

这年夏天,我和莎莉文小姐以及亚历山大·格雷厄姆·贝尔医生一道参观了世界博览会。小时候的许多幻想都变成了美妙的现实,现在想起参观时的情景我仍心潮澎湃、激动不已。以前,我经常幻想着自己周游世界,看到了许多遥远国度的奇珍异宝,里面有各国人民用智慧创造的瑰宝,也有工匠大师以高超的技艺雕琢出的工艺品——在博览会上,这些宝贝就摆在我面前,容我用手指去触摸。

参观万国馆时,我留恋不舍离去。那儿就像是《天方夜谭》里的宝藏,充满了各种稀奇古怪的玩意儿,别开生面。里面陈列着许多模型,其中包括书本里印度的那种奇特的市场(市场上摆着湿婆神和象神的雕像),包括开罗城(城中有清真寺,城外有金字塔和长长的骆驼队),还包括威尼斯的环礁湖——每天晚上,在城市,在喷泉灯光的照耀下,我们划着小船在湖中玩耍。我还登上了一艘距离小船不远的北欧海盗船。以前在波士顿时,我曾登上一艘兵舰,不过使我感兴趣的是这只海盗船,因为这只船上人是决定的因素,不论是风平浪静还是狂风暴雨,他们都勇往直前、百折不挠。他们高呼"大海是我们的",遇见敌人便穷追不舍,用智慧和勇气战胜敌人,表现出无比的自信和高昂的斗志。与此形成鲜明对照的是,现在的水手则完全成了机器的附庸。"人只对人感兴趣"——这是一个恒定不变的事实。

离海盗船不远,有一个"圣玛利亚"船的模型,我也仔细参观了一番。船长领我参观了当年哥伦布住的船舱,舱里的桌子上放着一个沙漏。这个小小的仪器在我的脑海里留下了难以磨灭的印象,它勾起了我一连串的想象:当绝望的水手们阴谋叛乱的时候,这位英勇的航海家则看着一粒粒沙子往下漏,内心该是多么坚强、镇定啊。

世界博览会的负责人希金博特姆先生特别照顾我,允许我抚摸展品。于是,我就像当年皮萨罗①掠夺秘鲁的财宝那样,迫不及待而又贪得无厌地用手指去触摸。世博会简直就是一个可以触摸到的万花筒世界,是西方的宝库。每件展品都让我着魔,尤其是那些法国铜像,一个个栩栩如生,我疑惑他们是天使下凡,被艺术家们捉住而还以人形。

在好望角展览厅,我了解了许多开采钻石的过程。一有机会,我就用手去摸正在开动着的机器,以便清楚地了解人们是怎样称钻石的重量,怎样切削和打磨钻石的。我在淘洗槽中摸着了一枚钻石,后来发现这是在美国参展的唯一的一枚真钻石。

贝尔医生一直陪着我们,兴奋地向我描述那些引人入胜的展品。在电器展览大厅里,我们参观了电话机、留声机及其他发明。贝尔医生使我了解了电话线为什么可以不受空间和时间的限制传递信息——我觉得电话的发明,就跟普罗米修斯②为人间盗取天火一样,是件伟大的壮举。我们还参观了人类学展厅,最令我感兴趣的是古代墨西哥的遗迹,其展品是一些粗糙的石器——这是唯一可以反映古代

① 1531年,西班牙人皮萨罗推翻了印加帝国,把国王从宝座上赶下了台,为西班牙夺取了印加帝国的财宝。
② 普罗米修斯是希腊神话中的一个人物,他从太阳神阿波罗那里盗走火种送给人类,给人类带来了光明,因此而受到宙斯的处罚,被绑在高加索山,每日忍受风吹日晒和神鹰啄食,后被大力神赫拉克勒斯救出。

墨西哥历史的物证，也是那些没有文字记载的大自然的儿女所创造的丰碑（我一边用手摸着一边暗自思忖）。历代王朝的统治者以及圣人已化为尘土，而这些"丰碑"却与世长存。使我感兴趣的还有埃及的木乃伊，不过我对它们敬而远之，没有敢用手去触摸。参观这些古代遗物，我了解到了人类是如何进步的，所获得的知识远远多于道听途说以及课本的传授。

这些经历令我大开眼界，给我的词汇库增添了不少新的内容。三个星期的世博会参观时间使我在求知的路上迈了一大步——以前我对童话故事和玩具有着天真的兴趣，而现在欣赏到的则是现实世界的真实瑰宝。

第十七章　学海无涯，另辟蹊径

1893 年 10 月以前，我杂乱无章地自学了许多东西，读了有关希腊、罗马和英国的历史。我有一本凸字版的法语语法书。我已经懂得了一点点法语,常常用所学到的新词在脑子里做练习,自娱自乐,对于语法规则以及其他的一些事项并不很注意。那本语法书对书中所有的单词都注了音,于是在没有任何人帮助的情况下,我试着去掌握法语的发音。当然,这样做是欲速则不达,反而是事倍功半。不过,下雨天我总算有点事可做了,而且确实从中学到了很多法语,如此便可以欣赏拉封丹①的《寓言诗》和《欲盖弥彰的医生》以及拉辛②的剧作《阿达利》了。

除此之外,我还花了大量时间来提高自己的语言表达能力,大声读书给莎莉文小姐听,并且选我所喜欢的诗人,背诵他们的诗句。莎莉文小姐为我纠音,指导我如何抑扬顿挫。直到 1893 年 10 月,我才从参观世界博览会的疲劳和兴奋中恢复过来,才开始在固定的时间上课,学习固定的课程。

那时,我和莎莉文老师正在宾夕法尼亚州的休尔顿市。我们专程拜访了威廉·韦德先生一家。他们的邻居艾恩斯先生是一位杰出的拉丁语学者。他们安排我跟着艾恩斯先生学习拉丁语。记得这位学者特别平易近人,知识特别渊博,除了教我拉丁语这门主课,还给我辅导算术(我一直觉

① 17 世纪法国著名诗人、寓言作家。
② 法国剧作家,与高乃依和莫里哀合称 17 世纪最伟大的三位法国剧作家。

得算术既困难又乏味),跟我一起朗读丁尼生①的《悼念》。我虽然读过很多书,但从来没有用评论的眼光去读。这是我第一次学会如何了解一位作者,识别其文风,这种感觉就像是结交了一位朋友一样。

起初,我很不情愿学拉丁语语法,觉得一个句子明明意思都很清楚了,还要浪费时间分析句子里的每一个词,什么名词啦、所有格啦、单数啦、阴性啦,简直太荒谬了。我想:按这种做法,那我就得这样描述我的猫了——目:脊椎动物;部:四足动物;纲:哺乳动物;科:猫;名:塔比。但随着学习的深入,我的兴趣就越来越浓了——拉丁语的优美令我沉浸在喜悦之中。我常常念拉丁语的文章来消遣,有时则用认识的单词造句。至今我仍以此为乐,愉悦自己的精神。

你学习一种语言,刚刚入门,用它来表达从心头掠过的思想、感情,让缥缈的思绪变为语言,使想象插上翅膀,那种感觉简直美极了,美得无与伦比。艾恩斯先生给我上课时,莎莉文小姐守在我身旁,将他的话转为盲语写在我手上,并为我查生词。返回亚拉巴马家中时,我已经掌握了足够的拉丁语,在阅读恺撒②用拉丁语写的《高卢战记》了。

---

① 19世纪英国著名诗人,其组诗《悼念》被视为英国诗歌中最佳"悼亡诗"之一,因而获桂冠诗人称号。
② 史称恺撒大帝,以其卓越的才能成为罗马帝国的奠基者。

第十八章　攻克重重难关，品尝胜利的喜悦

1894 年夏天，我出席了"美国聋人语言教学促进会"举办的文化交流讲习会①。在那里，我被安排进入纽约市的赖特-赫马森聋人学校上学。1894 年 10 月，我由莎莉文小姐陪同前往就读。选择这所学校有其特殊的原因——在那里我可以提高语音和唇读的能力。除了这些内容以外，在学校的那两年中，我还学了数学、自然地理、法语和德语。

我的德语老师瑞米小姐懂得手语。我稍稍学了一点儿德语后，我们俩便时常找机会用德语交谈。几个月之后，她的话我几乎全都能理解了。第一学年还未结束，我就能读《威廉·退尔》②了，品尝到了极大的喜悦。实际上，我觉得

———————————

① "文化交流讲习会"是一种集会，19 世纪末和 20 世纪初流行于美国，曾被罗斯福总统称为"最受美国人欢迎的集会"。
② 德国著名作家席勒（1759—1805）的剧作。

自己在德语方面的进步比任何其他的课程都要大。若论法语，那就难多了。教我法语的是法国人奥利维埃夫人，她不懂手语字母，只能以口头向我授课。而我要读懂她的唇语，可不是件容易的事，结果法语比德语进步慢得多。不过，我还是把《欲盖弥彰的医生》又读了一遍。这本书虽然很有意思，但与之相比，我更喜欢《威廉·退尔》。

至于唇读和说话能力的提高，我进展不大，低于我以及几位老师的希望和预期。我抱负远大，决心要学会像正常人那样说话，老师们也相信我一定能实现这一目标。可是，尽管我们通力合作、艰苦奋斗，却始终没有达到这一目的。也许，我们把目标定得太高了，所以免不了要失望。若论算术，在我眼里无异于"陷阱"，于是就绕圈子，喜欢不着边际地"推测"，而不愿正儿八经地"推理"，结果给自己和老师带来了无穷无尽的麻烦。我不仅时常胡乱推测，而且还武断地乱下结论。这种草率的做法，再加上消极的态度，这些都给我的学习增添了额外的困难。

这几门课的成绩令人失望，有时使我的心情极为沮丧。但对于其他的课程，尤其是自然地理课，我始终都抱有浓厚的兴趣。了解大自然的奥秘令人感到快乐无比。大自然像一部百科全书，在陈述着：风是怎样在天边形成的，雾是如何从地脚升起的，河流是怎样切割岩石，群山是如何改变了容貌,人类在以什么样的方式战天斗地。

在纽约度过的那两年是一段幸福的时光,想起来总会叫我感到由衷的高兴。

记得我和莎莉文老师每天都要到中央公园去散步。那儿是最让我感到惬意的地方。在那个大公园里,我曾有过几多喜悦、几多欢乐。每次到了那里,我都喜欢听莎莉文老师描述周围的景色——那儿处处有美景,而且千姿百态。每一天,我都会有不同的感受。

春暖花开的时候,我们出去踏青,去过许多美丽如画的地方。我们泛舟于哈德逊河上,漫步于绿草如茵的河岸——那里曾是布赖恩特①吟咏的地方。我尤其喜欢哈德逊河畔那淳朴而又宏伟的峭壁。在我们参观过的名胜中有西点军校,还有华盛顿·欧文②的故乡"逗留镇"③——我们还亲自去了一趟"睡谷"④。

赖特-赫马森学校的老师们一直在致力于如何让残疾儿童能像正常孩子那样学到各种各样的知识,致力于开发他们的潜力、挖掘他们的记忆,帮助他们克服先天性缺陷所

———

① 19世纪美国著名诗人。
② 19世纪美国著名作家,曾写过《睡谷的传说》等脍炙人口的故事。
③ 村民们到了这个小镇上就钻进酒馆,不愿回家去,村妇们便给小镇取名叫"逗留镇"。
④ 《睡谷的传说》中的一个地方。一进入"睡谷",你就会昏昏欲睡。

造成的限制。

在纽约的那段日子真是充满了光明,但后来突然阴云密布,将我抛入了极大的悲哀之中,这种悲哀仅次于当年我父亲的逝世——波士顿的约翰·斯波尔丁先生于 1896 年 2 月不幸逝世。只有那些最熟悉和敬爱他的人,才知道他的友谊对我是何等重要。他乐于助人,同时帮助你时不显山不露水,对我和莎莉文小姐关怀备至。只要一想起他对我们的慈爱以及对我们困难重重的学习所给予的关切,我们就信心百倍。他的逝世给我们的生活所造成的真空,是永远填补不了的。

第十九章　寻梦剑桥女中,悠悠校园情

1896 年 10 月,我进入剑桥女子中学①上学,为进入哈佛

---

① 位于美国马萨诸塞州剑桥市。

大学德克利夫学院①做准备。

在还是个小女孩的时候,我曾参观过韦尔斯利女子学院②。当时,我一语惊四座,当众宣布:"将来我一定要进大学,要进哈佛大学!"有人问我为什么不上韦尔斯利女子学院,我说因为这所大学里只有女生。从那以后,上大学的念头便在我心里扎下了根,变成了一种强烈的愿望。尽管一些真诚、明智的朋友规劝我,但我横下一条心,非和不盲、不聋的正常孩子争个高低。离开纽约时,这个念头已成了固定不变的目标。我决定先上剑桥女子中学,那儿离哈佛大学最近,是实现我童年梦想的一条捷径。

根据计划,莎莉文小姐和我一起到剑桥女中去,和我同堂上课,把老师讲授的知识翻译给我。

当然,老师们只教正常的孩子,缺乏教残疾孩子的经验。跟她们谈话,我得摸她们的嘴唇,进行唇读。头一年,我修的课程有英国史、英国文学、德文、拉丁文、数学、拉丁文作文以及一些其他的科目。在此之前,我从未为进大学而专门学习某种课程,但在莎莉文小姐的精心辅导下,我已熟练掌握了英语。老师们发现我不需要再修这门课了,只需认真研读考大学指定的几本书就可以了。除此之外,我

---

① 位于美国马萨诸塞州剑桥市。
② 位于美国马萨诸塞州韦尔斯利镇。

还具有其他的一些优势——法文已入门;拉丁文方面,曾受过半年良好的训练;而德文更是我驾轻就熟的一门课。

虽说具有这些优势,但求学路上仍荆棘遍布、困难重重。莎莉文小姐不可能把课本中所有的内容都拼写在我的手上,伦敦和费城的朋友们愿意尽快将课本改为凸字版,以方便我使用,但要在短时间内做到这一点比登天还难。为解燃眉之急,我得把拉丁文用盲文抄下来,以便与同学们一起朗读。老师们很快就习惯了我那不完美的发音,并且能解答我所提出的问题,及时纠正我的错误。我在课堂上无法记笔记和做练习,但回到宿舍里,我就用打字机将作业打出来,并进行翻译。

莎莉文小姐每天和我一起上课,以她无限的耐心把老师们所讲的内容都写在我的手心上。自修时间,她帮我在字典上查生字,还一遍遍为我读她做的课堂笔记以及课本里的内容(这些课本是没有凸字版的),其艰辛是一般人难以想象的。全校唯有德文老师格罗特夫人和校长吉尔曼先生懂得手语,也只有他们用手语向我授课。你都不知道格罗特夫人用手语拼写单词有多慢,有多差劲,然而她一片苦心,不辞辛苦地每星期为我上两节特别课,把她的教学内容写出来,好让莎莉文老师能够休息片刻。每个人都一片古道热肠,随时准备帮助我,然而,只有莎莉文小姐一人能够将艰苦的学习转化为快乐的游戏。

在这一年里,我修完了数学,又重温了拉丁文语法,阅读了恺撒《高卢战记》的前三章。在德文方面,我部分靠莎莉文小姐的帮助,部分靠自己的手指,阅读了席勒的《钟之歌》和《潜水者》,还阅读了海涅的《哈尔茨山游记》、弗雷塔格①的《腓特烈大帝统治时代散记》、里尔的《美的诅咒》、莱辛的《明娜·冯·巴尔赫姆》以及歌德的《我的一生》。这些德文书给了我极大的快乐,特别是席勒的那些美妙绝伦的抒情诗,腓特烈大帝的丰功伟绩,以及歌德生平的记述,使我久久不能忘怀。《哈尔茨山游记》让人回味无穷,它用诙谐幽默、令人着迷的语句描写了那盖满蔓藤的山冈、在阳光下潺潺流淌的小溪、富于传奇色彩的荒蛮地区以及神话中的灰姑娘——只有对大自然有着丰富的感情、深沉的爱以及浓厚趣味的人,才能写出这样的诗行。

吉尔曼先生给我授的课是英国文学。我们一起阅读了莎士比亚的《皆大欢喜》、伯克②的演讲词《美国与和平》、麦考莱③的《塞缪尔·约翰逊④大传》。吉尔曼先生的历史和

---

① 19 世纪德国著名小说和戏剧作家。
② 18 世纪英国作家、政治家,提倡与美国议和。
③ 19 世纪英国作家和政治家。
④ 塞缪尔·约翰逊(1709—1784),英国历史上最有名的文人之一,集文评家、诗人、散文家、传记家于一身。

文学知识十分渊博,讲解起来深入浅出,使我的学习变得轻松愉快,这是仅仅在课堂上听听简单的解释,机械地读读笔记所无法比拟的。

在我所读过的政治著作中,伯克的演讲词最能启发人。我心潮起伏,想起了那段动荡的岁月,想起了决定两个敌对国家将何去何从的那个关键时刻——一个个历史人物浮现在眼前,栩栩如生。伯克的演讲极其雄辩、如雷贯耳,指出美国必胜,英国将蒙受屈辱,然而乔治国王和大臣们对他的话充耳不闻,实在叫人费解。后来我才了解了细节,了解了这位杰出的政治家与他的政党以及那些民众代表之间所存在的错综复杂的关系,不禁为之扼腕。真理和智慧的种子竟然埋没于无知和腐朽的杂草里,实在可惜!

麦考莱的《塞缪尔·约翰逊大传》也别有情趣,读起来叫人不忍释卷。我非常敬佩克鲁勃大街的那位孤独的人,他自己生活在水深火热之中,无论是身体还是精神都在痛苦中挣扎,但他对穷苦人和受压迫的人却极其仗义,随时准备出手相助。他所取得的一切成就都令我感到兴奋,对于他的过失我则视而不见,就好像他从未做过错事一样——而正是这些过失摧毁了他的灵魂,或者说令他的灵魂蒙垢。麦考莱才华出众,能用犀利的笔锋化腐朽为神奇,确实令人钦佩,然而他的自负有时却令我生厌。还有,他经常委曲求全,以牺牲真理为代价,使得我对他的这种做法表示怀疑,觉得他全然不像大不列颠那些持身守正的伟人之做派。

在剑桥女中,我平生第一次跟视听正常的同龄女孩相处,乐在其中。我和几个同学住在一起,住所环境优美,紧傍校园,那儿是豪威尔斯先生①的故居。几个女孩子在一起,就跟一家人一样,一道玩游戏、打雪仗、散步,一道讨论功课和朗诵自己喜欢的诗篇。有几位女生还学会了用盲语跟我交流,这样就不需要莎莉文小姐充当翻译了。

圣诞节到了,母亲和妹妹来和我共度节日。吉尔曼先生照顾我们,让米尔德里德也进入剑桥女中学习。于是,米尔德里德留了下来,我们朝夕相处,几乎形影不离,度过了半年快乐的时光。我们在学习上相互帮助,课余时间一起玩耍,至今想起来心里还充满了喜悦。

1897年6月29日到7月3日,我参加了哈佛大学德克利夫学院的入学考试。考试的科目有初级和高级德语、法语、拉丁语、英语、希腊语以及罗马史,考试时间共九个小时。我不但每科都及格了,而且德语和英语还得了"优"。

也许,此处很有必要讲一讲考试时的情形,讲一讲我是以什么方式参加考试的。每门科目的及格分数是十六

---

① 19世纪美国小说家、批评家。

分——初级考试十二分，高级考试四分。每次至少要得到五分。试卷于上午 9 点钟由专人从哈佛大学本部送到德克利夫学院。试卷上不写名字，只写号码，我的号码是 233号。但因为我用打字机答卷，所以我的身份是公开的。

为了避免打字机的声音影响别的考生，我独自一人在一个房间里答卷。吉尔曼先生把试题用手语字母读给我听，门口有人守着，免受打扰。

第一天德语考试，吉尔曼先生坐在我身边，先把试卷通读一遍，我又一句一句地复述一遍，以确保我的理解没有误差。考题相当难，我用打字机答题时，心里十分紧张。吉尔曼先生把我打出的答案读给我听，而我告诉他需要改的地方，由他更正。这样的方便条件，在我以后的考试中再也没有享受过了。

进了德克利夫学院以后，在考试时，我写完答案就没有人读给我听了。如有错误，除非时间允许，否则我就没有机会加以更正。即使有机会，时间也是有限，我只好根据记忆把要改正的统统写在卷子的末尾。如果我初试的成绩比复试好的话，那有两个原因：一是复试时无人把我打出的答案读给我听；二是初试的内容有些是进剑桥女中以前就有了一些基础的——那年年初我就已通过了英语、历史、法语和德语的考试，试题是吉尔曼先生拿来的哈佛大学的旧考题。

德语初试结束后,吉尔曼先生把我的答卷交给监考人,并写了一个证明,说明是我(233号考生)亲自写的答卷。

其他几门科目的初试,情况相仿,但都没有德语那样难。记得考拉丁语那天,席林教授将试卷拿来,顺便告诉我,说我已通过了德语考试,并且成绩很好,这使我信心倍增,接下来便轻松愉快、一鼓作气地答完了拉丁语试卷。

第二十章　追逐梦想,立足当下

在剑桥女中上二年级时,我满怀憧憬,决心一定要有所成就。然而在头几个星期,我就遇到了许多意想不到的困难。吉尔曼先生同意我这学年主修数学,此外还要修物理、代数、几何学、天文学、希腊文和拉丁文。不幸的是,课程已经开始了,而我所需要的许多教材都没有凸字版的,同时还缺乏某些课程所必需的重要的学习器具。加上我所在班级学生多,老师无法给我特别的辅导。莎莉文小姐不得不把所有的教材都读给我听,而且还要翻译老师课堂上讲的内容。她教我十一年,现在第一次显得有些力不从心了。

代数、几何的算题必须在课堂上做,物理题也得在教室完成,而这些我是无法做到的。后来买了一架盲文打字机,这才解决了难题,可以把解题的步骤和过程写下来了。黑板上的几何图形,我的眼睛是看不见的,得让别人用铁丝做成各种几何图形,有直角的,也有锐角的,放在垫子上让我摸,这样我才能有清楚的概念。至于图中的字母、符号,以及假设、结论和证明的各个步骤,正如基思先生在他的报告中所言,我完全靠脑子记忆。总之,我步履维艰,学习中处处是障碍。有时我心灰意冷到了极点,而且还把这种情绪流露出来,如今想起来真是汗颜。最让我感到惭愧的是,自己竟然还冲着莎莉文小姐发脾气——在所有好心的朋友中,唯有她为我披肝沥胆,为我排除了前进路上一个又一个的障碍。

渐渐地,这些困难都消失了,凸字书籍和其他的学习器具陆续到达了,我又恢复了信心,投入到了学习中。代数和几何是需要我加倍努力才能够理解的两门课程。如前所述,我对数学没有悟性,加之许多观点无法如愿以偿得到满意的解释。几何图形更是让我伤透了脑筋——即便垫子上摆着各种各样的图形,我也分不清它们彼此之间的关系。

海伦·凯勒自传

后来经过基思先生的指点迷津,我才对数学有了清晰的概念。

正当我克服困难,发奋学习时,却发生了一件意外的事情,使一切都发生了变化。

就在我的凸字版课本快要送来时,吉尔曼先生突然向莎莉文小姐指出,说我的课程太重了,并且不顾我的极力反对,减少了我的课时。最初,女中认为我需要用五年的时间为考大学做准备。但第一学年结束时,我的考试成绩使莎莉文小姐、哈博女士(学校的教务长)以及一位任课老师相信,我再学两年就可以完成入学考试的准备了。起先,吉尔曼先生也是同意的,但后来见我的进展不尽如人意,便认为我负担太重,非得让我再在女中待三年不可。对于他的看法我颇不以为然,只想着跟同班同学一道踏入大学的校门。

11月17日那天我有点不舒服,没有去上课。尽管莎莉文小姐说那只是一点小毛病,但吉尔曼先生却认为我的身体被功课压垮了,于是将我的学习计划进行了修改,以致我不能跟着班上的同学一起参加期末考试。由于吉尔曼先生与莎莉文小姐发生意见分歧,母亲决定让我和妹妹米尔德里德一同从剑桥女中退学。

经商定,基思先生到伦瑟姆为我辅导功课,科目包括代数、几何、希腊文和拉丁文,莎莉文小姐担任翻译,每星期两次,从 1898 年 2 月一直辅导到 7 月。

1898 年 10 月,我们回到了波士顿。其后的八个月,基思先生每星期教我五次,每次大约一小时。每次先讲解我上次课中不明白的地方,然后指定新的作业。他把我一星期中用打字机做出的希腊文练习带回去仔细修改,然后再退还给我。

我为大学入学考试所进行的准备,就这样有条不紊进行着。我觉得单独听课比跟班听课效率高,要轻松愉快得多——单独听课可以不徐不疾,不至于手忙脚乱。对于我不理解的地方,辅导教师可以有充裕的时间详细解释,这样学习比在学校时进度要快,效果要好。解数学题时,我遇到的困难仍比其他的课程多。代数和几何哪怕有语言及文学课一半容易也好!但即使是数学,基思先生讲课时也讲得妙趣横生,处处化难为易,让我能接受得了。他竭力让我的大脑保持清醒、活跃,训练我的大脑进行逻辑思维、冷静地寻找答案,而非瞎猜乱蒙,得出的结论经不起推敲。不管我怎么愚钝,他都循循善诱,颇有包容之心。我笨得恐怕连约伯①也不能容忍,而他却相信我一定能成功。

1899 年 6 月 29 日和 30 日两天,我参加了哈佛大学德

---

① 《圣经》中的人物。约伯是上帝的忠实仆人,以虔诚和忍耐著称。

海伦·凯勒自传

克利夫学院入学考试的终试。第一天考初级希腊文和高级拉丁文,第二天考几何、代数和高级希腊文。

院方不允许莎莉文小姐为我读试卷,聘请了帕金斯盲人学院的教师尤金·瓦伊宁先生为我把试卷译成美国式盲文。瓦伊宁先生和我素不相识,除了使用盲文外,无法跟我进行交流。监考老师也是陌生人,没有跟我搭话,也没有跟我进行任何形式的交流。

在语言表达方面,盲文行之有效,但用于几何和代数便有些困难了。解题时,我经常感到困惑、气馁,结果浪费了不少宝贵的时间,解代数题耗时尤长。我固然很熟悉美国境内流行的三种盲文——英国式、美国式和纽约式盲文,但几何和代数里的各种符号在这三种盲文里是迥然不同的,而我以前在代数中使用的只是英国式盲文。

考试前两天,瓦伊宁先生把哈佛大学旧的代数试题盲文本寄给我,但用的是美国式盲文。我慌了手脚,马上给瓦伊宁先生写信,请他把上面的符号加以说明。很快地,我收到了另一份试卷和一张符号表。我即刻着手学习这些符号。在考代数的前一天夜里,我被一些复杂的习题搞得焦头烂额——括号、大括号和根数混合在一起,让我无法分得清。基思先生和我都有些泄气,为第二天的考试担心。考试时,我们提前到校,请瓦伊宁先生把那些美国式盲文的符号仔仔细细地讲了一遍。

考几何的最大困难在于：我平时习惯于读打印出来的命题，或者叫人把命题写在我的手心上，而考试时盲文板上的命题摆在我面前，我却手足无措，弄不清题意。考代数时，情况更是严峻。我刚刚学过的符号，自以为懂了，可是到了考场，脑子却成了一盆糨糊。而且，我看不见自己用打字机打出的文字——我以前一直都是用盲文演算，或是用心算。基思先生过于着重训练我心算的能力，而没有训练我如何写考卷，因而考试时我答题速度极其慢。一道题我得看几遍，方能知道应该做什么。说实在的，我现在都不敢肯定当时是不是把那些符号理解对了。我思绪很乱，心情很难保持平静。

但对于这些，我不怨天不怨地，不怨任何人。德克利夫学院的管理层根本不知道那场考试对我有多么难，不知道我必须克服多么大的困难才能挺过来！也许，他们并不是有意设置障碍，但不管怎样，所有的障碍都被我一一排除，令人倍感欣慰！

第二十一章　高等知识殿堂,新的人生历程

虽然经历了千辛万苦,我的入学考试总算结束了,我随时可以进入德克利夫学院了。然而,家里人认为,入学之前最好再由基思先生辅导一年。因此,直到 1900 年的秋天,我的大学梦才变成了现实。

进入德克利夫学院第一天的情景至今仍记忆犹新。对于我,那是个极有意义的日子,是一个我盼了多少年的日子。我心里涌动着一股力量,使得我决心不管亲友的劝告,也不顾自己灵魂的恳求,一定要竭尽全力按视听正常的学生的标准要求自己。我知道求知路上困难重重,但我将一往无前,踢开一切绊脚石。我将古罗马的一位圣贤所说的话牢记心中:"被驱逐出罗马,只不过是生活于罗马之外而已。"我不就是走不了寻求知识的康庄大道,而被迫去走一条荒无人迹的崎岖小路吗? 我还知道:大学里面还有许多

其他的求知路,我将和那些和我一样勤于思考、热爱真理、孜孜不倦的同学携手共进。

我热情满怀地开始了大学生活。一个崭新的世界展现在我面前,那儿风光旖旎,充满了光明。我觉得自己有能力掌握所有的知识。在奇妙的精神世界,我跟正常人一样,正所谓"海阔凭鱼跃,天高任鸟飞"。精神世界里的人物、景色以及其中的喜怒哀乐和现实世界是一样的,是现实世界生动具体的反映。在我看来,大学的讲堂里似乎充溢着先哲圣贤的精神和思想,而教授则是智慧的化身。即便后来的情况与我的想象并不一样,我也不会说三道四的。

不久我便发现大学并非似我幻想的那般浪漫,曾在我幼年时给我带来过许多欢乐的梦想此时黯然褪色,失去了昔日的光环。我逐渐发现上大学也有其不利之处。

我感触最深的是没有了时间进行思考,至今仍这样认为。以前,我常常沉思默想,思考人生,挖掘心灵深处的内涵。我和莎莉文小姐经常静静地坐在一起,聆听从心灵深处发出的美妙音乐——这音乐只有在安静闲暇之中才能听到。每逢这种时候,某个敬爱的诗人所创作的诗句就会拨动我那宁静的心弦。而进了大学之后,就没有时间跟自己的心灵对话了。上大学似乎只是为了求知,而非为了思考问题。一旦步入这所知识的殿堂,你就得放弃一些你所珍

海伦·凯勒自传

视的人生乐趣——静思、读闲书、幻想,以及到户外聆听松林的窃窃私语。或许,我应该这样来聊以自慰:现在积累知识是为了将来的发展。但我是个无长远打算的人,宁要眼前享受人生的快乐而不愿未雨绸缪。

头一学年我修的课程有法文、德文、历史、英文写作和英国文学。法文方面,我读了高乃依、莫里哀、拉辛、阿尔弗雷德·德·缪塞和圣伯夫等名家的作品;德文方面读了歌德和席勒的作品。至于历史课程,我很快就把从罗马帝国的灭亡到 18 世纪的历史复习了一遍。在英国文学方面,我则用批判的眼光研究了弥尔顿的诗歌和他的《论出版自由》一书。

上课时会有这样那样的困难,人们常常问我是怎么克服的。在教室里,我自然是个"孤家寡人",教授好像遥不可及,我们之间似乎隔着千山万水。莎莉文小姐以最快的速度将教授的授课内容写在我的手心上,仓促之中也就顾不上授课人的特征和个性了。阅读从手心上掠过的字,我就好像狗撵兔子,常常顾此失彼。不过,在这方面,我觉得自己并不比那些记课堂笔记的同学差到哪里去。如果你一边机械地听讲,一边急匆匆地做笔记,是不可能把多少心思用在考虑讲课的主题或解决问题的方式方法上的。我是做不成课堂笔记的,因为我的手在忙于"听讲",通常是回到住所后,才把脑子里记的东西赶快写下来。我做练习和每日一篇的作文、评论、小测验、期中考试及期末考试,都是用打字机完成的,所以任课老师不难了解我的进度。在开始学习拉丁文韵律时,我自己设计了一套能说明诗的格律和音韵的符号,并详细解释给任课老师听。

这期间,我用的是哈蒙德牌打字机。许多牌子的打字机我都试过,而哈蒙德牌最适合我的特殊需要。这种打字机使用活动字版,一部打字机配有好几种字版——有希腊文、法文或数学符号的(可根据每个人的需要随时调整)。如果没有它,我这个大学恐怕是上不成的。

我所学习的各种教材很少有盲文版的,因此就得请别人将内容拼写在我手上,于是预习功课也就要比别的同学费时得多。跟别的同学相比,我学习起来耗时又费力,这叫我心里感到有些不平衡。有时,我得花费好几个小时才能读几个章节,而别的同学在外面嬉笑、唱歌、跳舞,我想起来就觉得沮丧,会产生撂挑子的念头。但我很快会重新振作起来,付之一笑,忘掉那种不满的情绪。一个人要想学到真正的知识,就需要有勇气攀登险峻的高峰! 既然没有捷径可抵达巅峰,那我就必须另辟蹊径,迂回前行! 跌倒,爬起来继续朝前走,我克服了不知多少意想不到的困难,有时气馁,但又恢复信心,不断前进,取得一些成绩后精神会备受鼓舞,一步一个脚印,情绪越来越高涨,奋勇攀登,最后终于看见了一片广阔的天地。

每拼搏一场,都会取得一次胜利。我展翅翱翔在了彩云间、蓝天的深处——那儿就是我希望的巅峰。在战场上,我并非孤军作战。威廉·韦德和宾夕法尼亚盲人学院的院长艾伦先生为我提供了大量凸字版书籍。他们全然不知,他们的关怀对我的帮助有多大,给过我多么大的激励!

在德克利夫学院学习的第二年,我修的课程包括英文写作、英国文学、圣经(作为英文写作的材料)、美洲和欧洲的政府制度、古罗马诗人贺拉斯的抒情诗和拉丁喜剧。写作课最为有趣、生动。任课教师查尔斯·汤森德·科普兰先生至今都是我最钦佩的老师,他讲课诙谐幽默、妙趣横生,内容丰富多彩,可以将文学作品的风韵和魅力以全景的方式展现给你。在短短的一小时内,他就能让你领略到古代文学大师所创造的永恒的美,不加任何不必要的修饰,绝不拖泥带水。听他讲课,你会陶醉于崇高的精神境界。你会用你的灵魂去倾听《旧约全书》的灼灼真理,全然忘记耶和华就在你的身旁。下课后,你会感到自己"窥见了精神和肉体达到了统一 ——那是一种永恒、和谐的统一,窥见了真和美在时间的古老枝干上长出了新芽"。

这一年是我最快乐的一年,因为我所学习的功课都特别有趣，其中包括经济学、伊丽莎白时代的文学、莎士比亚戏剧（乔治·基特里奇教授主讲）以及乔赛亚·罗伊斯教授主讲的哲学史。学了哲学史，你就可以和远古的那些圣贤产生共鸣，了解他们的思想以及高屋建瓴的观点，否则你会觉得他们的思想和观点怪癖、不合常理。

但是，大学毕竟不是我想象中的雅典学院①，见不到古代的那些伟人和智者，甚至感觉不到他们的存在。其实，他们是存在的，但似乎变成了木乃伊。我们必须拨开层层迷雾，展开分析和研究，才能分得清哪个是真的弥尔顿或以赛亚，哪个是假的。依我看，许多学者都忘了：欣赏伟大的文学作品，不仅仅靠理解，更要靠内心的共鸣。他们往往费了很大功夫进行讲解，却没有能在学生的头脑中留下多少印象——学生忘却这样的知识，无异于果子从枝头掉落。你了解了一朵花，了解了它的根和枝叶，甚至它的整个生长过程，但你却欣赏不了沾着露水的鲜花是多么的美。我一遍又一遍不耐烦地问自己："为什么要纠缠于这些解释和假设呢？"那些解释和假设像没头的苍蝇在我的大脑里瞎碰乱撞，搅得那儿一片狼藉。我的意思并不是反对对名著做透

① 雅典学院又称柏拉图学院，由柏拉图于大约公元前387年在雅典西北郊创立，现存有遗址。亚里士多德曾在那里待了二十年，之后开创"逍遥学派"并建立自己的学校。雅典学院曾培养了一大批古希腊的哲学名士和学者，直到公元529年被罗马帝国皇帝查士丁尼一世下令关闭。

彻的理解,只是反对那些使人迷惑的无休止的评论和批评,因为这样做只会给人一种印象:世界上有多少人就有多少观点。而基特里奇教授这样杰出的学者讲课时能挖掘出原作的精髓,讲解莎士比亚就能展现出莎士比亚的风采,真是叫人茅塞顿开。

要学的东西浩如烟海,有时真想将其砍掉一半,因为大脑负担过重,费了九牛二虎之力学到的知识,也不能掌握其精髓。一天之内读四五种文字不同、内容迥异的书,还想达到预期目标,那简直是痴心妄想。紧锣密鼓、慌慌张张地看书,心里净想着什么测试啦、考试啦,那你的大脑里就会充斥着杂乱无章的知识,一点用处都没有。那段时间,我的脑子里就像开了个杂货铺,里面乱七八糟,什么都有,无法理出个头绪来。每当我进入自己心灵的王国时,就好像是公牛闯进了瓷器店里,各种知识的碎片犹如冰雹一样朝我劈头盖脸砸来。我左躲右闪,唯恐躲避不及,各种论文也乘虚而入,对我紧追不舍。最后弄得我真想一不做二不休,将自己进大学准备顶礼膜拜的那些偶像砸个稀巴烂。

在大学里,最叫人伤脑筋的要算各种各样的考试了。虽然我久经考场,把那些考神一次次打翻在地,打得它们满地找牙,可是它们一次次卷土重来,面目狰狞,吓得我勇气逐渐从指头缝里漏走,成了鲍伯·阿卡斯①那样的软蛋。考试的前几天我拼命地往脑子里塞各种神秘的公式和无法消化的年代资料——简直就像一口吞下许多难以下咽的食物,有时候真想一死了之,和那些书本及功课一道葬身大海。

当可怕的考试最终来临时,假如你有一种稳操胜券的感觉,可以及时地回忆起所需的知识,帮助你在最后的决战中一举过关,那你就是个幸运儿了。但情况往往如下:你吹响了冲锋号,却无人冲锋陷阵。最让人困惑和气恼的是,就在这关键时刻,你的记忆力和分析力全都一拍翅膀,飞到爪哇国去了。你千辛万苦装到脑子里的东西,在需要的时候却千呼万唤不见出来。

有这样一道考题:"请简述胡斯②的生平及学说。"胡斯?谁是胡斯? 他是干什么的? 这名字听起来颇为熟悉。你搜索枯肠,在自己记忆中的一大堆历史资料中寻找此人,无异于在一堆破布里寻找一小片绸缎。你肯定是知道此人的,仿佛他远在天边近在眼前(那天你在查找宗教改革的源头时,曾经看过此人的事迹),但就是看不见他的影踪。你把脑子里记的东西都翻了出来—— 一次次改革、一次次分歧、

---

① 18世纪英国杰出的社会风俗喜剧作家谢里丹的《对手》里的主角,胆小如鼠。
② 14世纪捷克的宗教改革家和殉教者,被当作异教徒处以火刑。

一场场屠杀、一套套政治制度。可是,胡斯在哪里呢?奇怪的是,你学了那么多相关的东西,却没有一样出现在试卷上。你气急败坏,把你的记忆宝库翻了个遍,而你要找的那个人却悄无声息地藏在一个角落里,静静思考着他的宗教改革问题,根本不理会他给你带来了多大的灾难。

就在这时,监考人走过来通知你时间到了。随后,你怀着一肚子委屈和厌恶把那一堆垃圾一脚踢到角落里,拂袖而去。这时,你的心里开始酝酿一个改革方案:废除教授们的权力,未经学生的同意不准他们随便提问。

在本章的最后两三页,我使用了一些形象的比喻,可能会引起他人的讥笑。什么"像公牛闯进了瓷器店里"啦,什么"知识的碎片犹如冰雹一样"啦,以及"书本似妖魔鬼怪",这些比喻经不起分析,的确可笑!嘲笑就让他们嘲笑吧。反正这些词语反映的正是我当时的心境——慌张、狼狈的心境,现在想起来就叫我感到惭愧。我得郑重声明:如今我对大学的看法已经彻底改变了。

在进入德克利夫学院以前,我把大学生活想象得十分浪漫,入校后这浪漫的光环便消失了——我从浪漫主义者转变成了现实主义者。在这一转变过程之中,我学到了许多东西,而这些知识在校外是无法获得的。我所学到的宝贵经验之一就是耐心——求知应该像在乡村散步一样,从容不迫,悠闲自得,具有海纳百川的胸怀,要研读诸子百家。知识如潮水,无声无息、静悄悄地冲刷着我们的心灵,将深邃的思想注入我们的心田。知识就是力量! 知识就是幸福——有了知识(广博而精深的知识),就可以分辨真伪、识别崇高与低俗! 掌握了标志着人类进步的种种伟大思想和辉煌业绩,就是摸到了有史以来人类活动的脉搏。如果一个人不能从这种脉搏中体会到人类崇高的愿望,那他就不会知道什么才是和谐、美满的生活!

第二十二章　书籍伴我成长,给理想插上翅膀

至此,我已简单叙述了自己的生平,只是对读书的过程介绍不够。我嗜书如命,不仅仅是因为从中可以获得读书人所能享受到的那种愉悦和智慧,也是为了寻求别人通过视听便能获得的知识。的确,跟其他人相比较,书籍对我意义极其重大。这话还得从我开始读书时说起。

1887 年 5 月，我第一次读一篇完整的短篇小说，那时我才七岁。从那时到现在，一旦有书，我便如饥似渴、手不释卷地阅读。我说过，我接受的启蒙教育无章可循，而我读的书也杂乱无章。

起初，我只有几本凸字版书籍——一本初级版的《读者》、一套儿童故事书和一本《我们的世界》（介绍地球的书）。这恐怕就是我的全部藏书了。我把这些书读了一遍又一遍，后来书上的凸字磨损严重，几乎都无法辨认了。有时候，莎莉文小姐读给我听，把她认为我能懂的故事和诗歌写在我手上。但我宁愿自己读，而不愿听别人读——我喜欢把自己觉得有趣的书读过来读过去，百读不厌。

其实，我是在第一次去波士顿时，才真正开始认真地读书。我获得批准，可以每天花一些时间在盲人学院的图书馆里浏览图书，从一个书架走到另一个书架，摸到什么书就读什么书。我读啊读，也不管自己究竟能读懂几个字。书里的文字令人着迷，我根本不理会书里包含着什么内容。那段时期我的记忆力很好，许多字句虽然一点儿也不明白其含义，但都能记在脑子里。后来当我学会说话和写作时，这些字句很自然地就冒了出来，朋友们都很惊奇，想不到我的词汇竟如此丰富。我囫囵吞枣、糊里糊涂地读了许多书的片段（在早年的那段日子里，我恐怕没有读过一本完整的书)以及大量的诗歌。后来发现了《小爵爷方特勒罗伊》,这成了我第一本在理解的基础上读完的书。

八岁那年,莎莉文老师发现我在图书馆的一个角落里翻阅长篇小说《红字》[①],便问我喜不喜欢书中的"小珍珠"[②],接着还给我讲解了几个我不明白的字。末了,她说她有一本非常精彩的书,主人公是个小男孩,我读了一定会觉得比《红字》更有意思,书名叫《小爵爷方特勒罗伊》。她答应到夏天时读给我听,但我们直到8月才开始读这本书。当时,我们到海边度假,头几个星期,我接触到了许多新鲜事情,激动得不得了,把所有的书籍都抛到了脑后。后来,我的老师到波士顿看望朋友,暂时离开了我几天。

她返回后,我们做的第一件事就是读《小爵爷方特勒罗伊》。那是一本引人入胜的儿童故事书,读头几章的时间和地点至今我仍记忆犹新。那是8月里一个炎热的下午,我们同坐在屋外不远处悬在两棵苍松之间的吊床上。午饭后,我们匆匆忙忙洗了碗就到了那里,为的是下午能多一些时间读书。穿过草地往吊床跟前走时,惊得草丛里的蚂蚱乱跳,有几只跳到我们身上,紧紧扒在衣服上不动,记得莎莉文小姐非得将它们一只只从衣服上拨掉,然后才坐下来。

① 19世纪美国著名作家霍桑的代表作。
② 《红字》里的一个可爱的小女孩,备受磨难,但坚强不屈。

海伦·凯勒自传

当时我觉得没必要那样做，认为那是浪费时间。我的老师去访友时，吊床没人用过，上面落满了松针。在灼热的太阳映照下，松树散发出浓浓的香气，使空气中弥漫着松香，里面还带有几丝大海的气味。读书前，莎莉文小姐认为书里的有些情况我是不理解的，于是便给我做了解释。在读书的过程中遇到我不熟悉的词，她则随时讲解。起初由于生词太多，我们读一读就会停一停。没多久，我就彻底了解了故事情节，不由得陶醉其中，急于想知道下文，就顾不上生词不生词了，甚至对莎莉文小姐认为很有必要的解释也听得有些不耐烦了。当她的手指拼写得太累不得不停下来时，我就急得忍受不了(以前没有过这种现象)，把书拿过来自己用手去摸上面的字。那种急切的心情，我终生难忘。

后来，在我再三央求下，安纳诺斯先生请人把这部小说印成了凸版。我读了一遍又一遍，几乎能倒背如流。《小爵爷方特勒罗伊》成了我童年时代最亲密的伙伴。我之所以如此不嫌啰唆地讲述这些细节，是因为在此之前，我读书常常是很随意的，给我留下的是模糊不清、支离破碎的印象—— 一前一后的读书经历形成了鲜明的反差。

从读《小爵爷方特勒罗伊》开始，我才真正对读书产生了兴趣。在以后的两年中，无论是在家里还是去波士顿，我都手不释卷地读书，读了许多的书。至于都是些什么书，哪本先读，哪本后读，现在已想不起来了，只记得其中有《希腊英雄》①、拉封丹的《寓言诗》、霍桑的《奇书》和《故事新编》、兰姆②的《莎士比亚故事集》、狄更斯的《儿童本英国历史》，还有《天方夜谭》《瑞士家庭鲁滨孙》《天路历程》③《鲁滨孙漂流记》《小妇人》④和《海蒂》⑤。《海蒂》是篇美丽的小故事，后来我又读过它的德文本。我在学习和游戏之余读这些书，越读越有兴趣。我从不对这些书做什么研究分析——不管写得好坏，也不管文体和作者情况，这些文学瑰宝摆在我的面前，我一一领受，就跟接受阳光的沐浴和亲友们的爱一样自然。我喜欢《小妇人》，因为它能让我跟书中那些视听正常的孩子产生共鸣。我的人生有着这样那样的障碍，唯有从书本里了解外部世界的情况。

我不太喜欢《天路历程》，恐怕没读完就放弃了。对于《寓言诗》我也没多大的兴趣。最初读拉封丹的《寓言诗》

① 此书讲述的是希腊神话中的英雄们。

② 19世纪英国散文家、诗人，《伊利亚随笔》为其代表作，另外他和姐姐玛丽从莎士比亚戏剧中选择了二十个广为人知的剧本，改写成叙事体，即著名的《莎士比亚故事集》。

③ 17世纪英国作家约翰·班扬创作的长篇小说。

④ 19世纪美国作家露易莎·梅·奥尔科特创作的长篇小说。

⑤ 这是瑞士著名儿童文学作家约翰娜·施皮里的代表作。小说以阿尔卑斯山的优美风光为背景，通过描写小主人公海蒂的成长历程，刻画了一个天真活泼、纯朴善良、热爱自然、热爱生活、乐于助人的栩栩如生的文学形象，富于教育意义。后被改编成广播剧、电影、电视剧、卡通片、连环画，在世界各地广为流传，极受青少年读者喜爱，已成为一本经典的世界儿童文学畅销书。

用的是英文译本,只是简略地读了一遍,后来读了法文的原本,虽然故事生动、插图漂亮、语言丰富多彩,但依然无法赢得我的喜爱。我也说不出具体原因,反正就是不喜欢书里动物像人一样说话和做事。我只注意到了动物的那种可笑、夸张的行为,却没有领会到其中的寓意。

再者,拉封丹的作品不能激发人类高尚的情操。在他看来人最重要的品性是自爱和理性,其作品中始终贯穿着一个思想内涵——人类的美德完全来源于自爱,用理性来驾驭和控制自爱,就能产生真正的幸福。而我则认为,自爱乃万恶之源。当然,也许我是错的,拉封丹对人类的了解和观察要比我丰富得多。这样讲并不意味着我反对讽刺寓言,而是在我看来,没有必要由猴子和狐狸来宣扬伟大的真理。

不过,对于《丛林故事》①和《我所了解的野生动物》②我还是非常喜欢的。这两本书中的动物引起了我浓厚的兴趣,因为它们是真正的动物,而非拟人化的动物。我爱它们之所爱,恨它们之所恨。它们的滑稽逗趣引得我捧腹大笑,而它们的悲惨遭遇使得我泪如雨下。如果说其中有什么寓意,那是极为含蓄的寓意,叫你不知不觉就受到了教育。

---

① 19 世纪英国著名儿童文学作家吉卜林的一部作品。
② 该书作者塞特是 19 世纪美国著名儿童文学作家、童子军创始人。

我对历史天生有一种偏好,喜欢回味人类的那些往事——古希腊有一种神秘的诱惑力在吸引着我。在我的想象空间里,希腊诸神依然徘徊于人间,与人类面对面交流。在我思想深处的神殿里,仍然供奉着我最敬爱的神灵。我了解和喜爱希腊神话中所有的仙女、英雄和半神半人……不,不能说"所有"——美狄亚和伊阿宋①太坏,简直无法饶恕。令我感到不解的是:他们作恶时,上天为什么视而不见,待他们恶行昭著后才加以惩处呢? 这个谜团至今尚未解开。敢问上帝:当罪恶肆虐于你的殿堂时,你为何默不作声?

　　读了《伊利亚特》②,我觉得古希腊就是人间天堂。在阅读原文前,我对特洛伊的故事就了如指掌了。在闯过了文法这一关以后,便可以轻轻松松阅读古希腊文,任意挖掘里面的宝藏了。伟大的诗篇,不论是英文还是古希腊文,只要同你的心息息相通,是不需要别人翻译的。一些文人偏偏喜欢舞文弄墨,常常用他们牵强附会的分析和评论扭曲了伟大作品的意义。他们要是能懂得这个简单的道理该有多

---

　　① 美狄亚是希腊神话中的女性,科尔喀斯国王埃厄忒斯的女儿,与阿耳戈号的英雄伊阿宋一见钟情,并用魔力帮助伊阿宋取得金羊毛,双双乘船私奔。伊阿宋回国后,移情别恋,美狄亚极度悲愤,由爱生恨,杀死自己与伊阿宋所生的两个孩子,害死了伊阿宋的新欢。

　　② 盲诗人荷马所作的史诗,是重要的古希腊文学作品,也是整个西方的经典之一,主要内容是叙述希腊人远征特洛伊城的故事。

好！欣赏一首好诗词，根本不需要弄清楚其中的每一个字，也无须弄清其词法和句法的属性。我知道大学里的教授们学问渊博，在《伊利亚特》中挖到的宝贝比我挖到的多，但我从不嫉妒。我并不在意别人比我聪明。然而，即便他们有广博的知识、强大的理解能力，却还是跟我一样，无法欣赏到这部辉煌史诗中全部的美。当我读到《伊利亚特》最精彩的篇章时，就感到自己的灵魂在升华，游离于狭窄、扰攘的生活圈子之外，脱离了躯壳，飘然翱翔于广阔无垠的天堂。

对于《埃涅阿斯纪》①，我就不是那么爱之若狂了，但仍觉得它是一部不朽之作。读这部史诗时，我尽量不看注释、不查词典，还经常将自己喜欢的片段翻译出来。维吉尔妙笔生花，修辞手段实在高明，但他笔下的天神和凡人好像戴上了伊丽莎白时代的面具，一个个温文尔雅、举止端庄，或激情满怀，或哀婉动人，或沉浮于爱河，而《伊利亚特》里的人和神则个个充满了活力，个个能歌善舞。我觉得维吉尔好似月光下的一尊阿波罗大理石像，柔美娴静，而荷马则是太阳光下秀发飘动的俊逸而活泼的少年。

读书之过程犹如插上翅膀飞行，便捷极了！用不了一天就可以从《希腊英雄》飞到《伊利亚特》，但其中的艰辛并

---

① 古罗马诗人维吉尔写的史诗，叙述埃涅阿斯在特洛伊沦陷后到意大利建新国的经过。

不会令人感到好受。别人已经周游世界几圈了,我却还在路上艰难跋涉,时而迷失于语法和单词的迷宫之中,时而掉进可怕的考试陷阱里——所谓考试实则校方的撒手锏,是为莘莘学子设立的关卡。这样的求知之路有点像《天路历程》,最终必能修成正果,但我觉得一路上虽然时而也可以欣赏到旖旎风光,可是毕竟路途漫漫,似无尽头。

我很早就开始接触《圣经》,但并不能充分理解其内容。现在想起来觉得有些奇怪:圣经故事是那么引人入胜,然而在那段时间却没有引起我内心的共鸣!记得在一个下雨的星期天早上,我无所事事,让表姐为我读一段《圣经》里的故事。虽然她认为我是听不懂的,但依然在我手上拼写了约瑟兄弟的故事。我听了丝毫也不感兴趣——奇怪的语言和不断的重复,使故事听起来显得很不真实,更何况那是发生在遥远的迦南①地的故事,于是,还没有听到约瑟兄弟穿着五颜六色的衣服进入雅各②的帐篷里去说谎,我就呼呼地睡着了,进入了梦乡。令人费解的是:为什么我当时觉得希腊故事妙趣横生,竟认为圣经故事索然无味呢? 也许是因为我在波士顿认识了几个希腊人,听他们讲希腊故事,一下子

---

① 巴勒斯坦及其毗邻腓尼基一带地区的古称。
② 以色列民族的先祖。

就入了迷,然而却从来没有遇到过一个希伯来人①或埃及人,由此就断定他们只不过是一群野蛮人,他们的故事也都是后人编出来的,难怪叙事重复的地方太多,人名也稀奇古怪。说来也怪,我从未觉得希腊人的姓名"稀奇古怪"!那么,后来我又是如何从《圣经》中发现了其他耀眼的光辉呢?我读《圣经》读了有许多年,越读越兴奋,越读越深受感染,乃至最终它成了我最喜爱的书。不过,《圣经》里的许多内容却是我不能认同的,因而没有将其从头到尾读完过,想起来就觉得遗憾。尽管我了解了《圣经》产生的历史渊源,但里面的不少情节仍令我感到不快,在我的心头留下了不好的印象。我和豪威尔斯先生持有相同观点:反映历史的作品中所有的丑恶和野蛮的内容都应该清除掉。然而我却反对修改《圣经》这部伟大作品,免得失真,减弱其魅力。

《圣经》中的《以斯帖记》②简洁明快、情节感人,给我留下了深刻的印象。尤其是以斯帖面对邪恶的波斯王临危不惧的那一幕极具戏剧性。尽管她清楚地知道自己的生命系于对方之手,没有人能够拯救她,然而她克服了女性的懦弱,勇敢地走向波斯王,心中燃烧着崇高的爱国主义激情,

---

① 犹太人的古称。
② 《以斯帖记》是《圣经》旧约的一卷书,记载了敬畏耶和华的犹太女子以斯帖在波斯王宫中为以色列民族斗争而取胜的故事。

只有一个念头在支撑着她："我死不当紧。但是，我生，我的人民亦生。"

《路得记》①也是那么富有神奇的东方色彩，朴实的乡村生活同繁华的波斯首都之间形成鲜明的对比。路得忠贞而柔情满怀，读到她与那些正收割庄稼的农民一起，站在翻滚的麦浪之中的情形，真是叫人又敬又爱。在那黑暗残暴的时代里，她的无私和高尚情操，如同暗夜里的一颗明星，熠熠闪烁着光彩。当今世界冲突纷起，种族歧视根深蒂固，路得的那种大爱已难觅踪影。

《圣经》给了我深远的影响，使我意识到：现实世界仅是昙花一现，精神的力量才是永恒的。

自从喜爱读书，我便一直喜欢读莎士比亚的作品。我记不清楚自己是从何时开始读兰姆的《莎士比亚故事集》的，但却记得最初接触这本书时，就理解了里面的故事情节，不由赞叹不已。《麦克白》似乎给我留下的印象最深，只读了一遍，我就把其中的情节记在了心里，终生难忘。很长一段时间里，书中的鬼魂和女巫总是跑到睡梦中纠缠我。我仿佛看见了那把弑主的剑和麦克白夫人那又小又白的

---

① 《路得记》是《圣经》旧约的一卷书。路得的公公、丈夫和丈夫的哥哥相继去世，路得的婆婆拿俄米决定从摩押回到犹大，拿俄米让两个儿媳各自回家，儿媳俄珥巴回家了，路得则舍不得离开，并请求婆婆不要催促，说道："你的国就是我的国，你的神就是我的神。"拿俄米便带着路得回到了伯利恒。

　　　　　　　　海伦·凯勒自传

手——我仿佛看见了那可怕的血迹，就跟悲痛欲绝的王后一样看得真切。

阅读完《麦克白》，就接着读《李尔王》。在读到格洛斯特的眼睛被挖出的情节时，我感到恐惧极了，那种感觉是一辈子也忘不了的。我愤怒至极，简直无法再读下去了，呆坐在那儿好久好久，只觉得热血往脑门上冲，心里充满了仇恨。

夏洛克①和撒旦②大概是我同一时期接触到的两个人物，很长时间都把他们混淆在一起，难以区分。记得当时我为他们感到遗憾，觉得即便他们想弃恶从善也是白费心思——似乎没人愿意帮助他们，给他们以改过自新的机会。直至今天，我都觉得他们并非无可救药的恶徒。有时，我觉得像夏洛克、犹大，甚至魔鬼这样一类人，只不过是车轮上损坏了的轮辐，修一修就能修好。

奇怪的是，最初在阅读莎士比亚作品时，留下的往往都是一些并不惬意的回忆。那些欢快、温和而又富于想象的剧作，现在我倒是非常喜爱，但最初并不怎么吸引我，也许是因为它们反映的是正常儿童的那种阳光灿烂、幸福快乐的生活吧。儿童的心变化莫测，是非常任性的，爱或憎难以

---

①　莎士比亚剧作《威尼斯商人》中的犹太放高利贷者。
②　《圣经》中的堕落天使。

预料。

　　莎士比亚的剧本我读过许多遍，并能背诵其中的一些片段，但却弄不清楚自己最喜欢哪一本。对它们的喜爱，往往如同心情一样变化多端。他的短歌和十四行诗跟他的剧作一样富于才情，一样奇妙感人。不过，我虽然喜爱莎士比亚的作品，却不喜欢评论家们的点评，不喜欢戴着有色眼镜去欣赏那些传世之作。我曾经按评论家们的解释去理解莎剧，结果总以失望告终，令我不胜沮丧。于是我暗下决心走自己的路，绝不跟在别人身后打转转了。后来跟随基特里奇教授研究莎士比亚，才逐渐改变了这个想法。今天，我终于懂得，不但在莎士比亚著作里，而且在这个世界上，有许多东西是我不理解的。眼看着一层层面纱被揭去，一个个思想领域和一幅幅美景展现在眼前，我感到由衷高兴。

　　我不但喜欢诗歌，也喜欢历史，畅游于浩瀚的历史书的海洋之中，如饥似渴地阅读，见到什么就读什么，其中有单调枯燥的各种大事记，也有更单调更枯燥的年表，还有格林所著的公正而又生动的《英国民族史》、弗里曼的《欧洲史》以及埃默顿的《中世纪史》，应有尽有。而第一本使我体会到真正历史价值的书是斯温顿的《世界史》。这本书是我在十二岁生日时收到的礼物。此书现在也许没有多大用处了，但我仍珍存着它，像珍存一个宝贝一样。从这本史书中,我了解到各民族是如何散布于世界各地,如何建立起城镇,而少数统治者(他们是人世间的泰坦神族①)是如何凌驾于众生之上,决定着千百万人的生与死;各民族是如何追求艺术和知识,披荆斩棘,为人类的未来开拓进取;人类文明如何在黑暗的年代经历了浩劫之后重新崛起,犹如凤凰涅槃,就像诺斯的儿子②那般不屈不挠;伟大的圣贤又是如何提倡自由、宽容和仁教,为拯救全世界开辟道路。

在大学时代,我读得比较多的是法国和德国的文学作品。德国人无论在生活还是文学方面,先讲究的是力量,然后才是美,常常打破传统去追求真理。他们的言行无处不显示出蓬勃的活力,具有千钧之力。一个德国人说话,并非要语惊四座,而是心里有激情在涌动,不吐不快。

还有,我喜欢德国文学中所表现的那种完美的矜持,而这种文学最为光辉的一点是它展现和颂扬女性自我牺牲的爱。这种思想几乎渗透到所有的德国文学作品中,尤其是在歌德的《浮士德》里表现得最为显著。《浮士德》里有几句这样的诗:

---

① 泰坦神族是古希腊神话中曾统治宇宙的古老的神族,后被宙斯家族推翻并取代。

② 诺斯是希腊神话中的第二代众神之王,后被他自己的儿子宙斯推翻。

所有的一切都是昙花一现，

表面象征毕竟短暂。

人间到处是缺点，

但也有伟大的事件。

它已发生，

实在难以付诸于语言——

妇女的灵魂是一面旗帜，引导我们一路向前！

我读过许多法国作家的书，而我最喜欢的莫过于莫里哀和拉辛了。巴尔扎克的作品寓意深刻，梅里美的作品清新喜人，犹如阵阵清爽的海风。阿尔弗雷德·缪塞呈现出的美简直不可思议！至于维克多·雨果，他的作品虽然不能叫我心潮起伏，但我敬佩他的才华，欣赏他所表现的壮丽情景和浪漫主义情调。雨果、歌德、席勒以及各个国家所有伟大的诗人，他们表现的都是永恒的主题，赢得了我的尊敬，引导着我的灵魂进入了一个真善美的世界。

关于读书，我恐怕说得太多了，但以上所列仅仅是自己最喜欢的一些作家——你很可能会因此而轻易地得出结论，认为我喜爱的作家为数有限，如果这样，那你就大错特错了。其实，我喜欢的作家蛮多呢，原因各异。例如，我喜欢卡莱尔①的粗犷以及对虚伪的憎厌,华尔斯华绥的天人合一的情调,胡德②那惊天动地的笔锋,赫里克③的典雅还有他诗歌中饱含的百合花和玫瑰的香味儿,惠蒂尔④的热情正直。惠蒂尔和我有私交,回想起我们之间温馨的友谊,更增加了我对他诗歌的喜爱。我还喜欢马克·吐温——有谁不喜欢他呢?就连天上的神也喜欢他,给了他全能的智慧,为了不使他成为悲观主义者,又在他的心里布满了爱和信仰的彩虹。司各特⑤亦是我喜爱的作家,我爱他的不落俗套、泼辣和诚实。像洛厄尔⑥那样的作家我全都喜欢——他们的作品如辽阔的大海,在乐观主义的阳光下波翻浪涌,给人间带来欢乐和善良,有时会愤世嫉俗,有时则对于苦难示以同情和恻隐。

总而言之,文学是我理想的乐园,在这个乐园里,我自由自在、无拘无束、毫无障碍地跟书中的人物进行甜蜜、亲切的交流,双方没有芥蒂,没有尴尬。世间我所了解的一切与那些伟大人物的"大爱以及天使般的善举"⑦相比较,简直

---

① 19 世纪英国作家、历史学家、哲学家。
② 19 世纪英国诗人。
③ 17 世纪英国诗人。
④ 19 世纪美国诗人。
⑤ 19 世纪英国小说家、诗人。
⑥ 19 世纪美国诗人。
⑦ 这一短语引自 19 世纪美国诗人西德尼·拉尼尔的诗作。

渺小到了极点。

第二十三章　人生处处有阳光,欢乐时时伴我行

但愿读者们看了上文之后,不要得出一个结论:我唯一的乐趣就是阅读。事实上,我的乐趣很多——生活是丰富多彩的。

在写这本书时,我非止一次提到自己喜欢乡村风光,喜欢户外运动,年幼时就学会了划船和游泳。如今,每逢到马萨诸塞州的兰瑟姆城度假,我几乎非划船不可。朋友来访,我就带他们一起划船,其乐融融。当然,划船时我是掌握不好方向的,通常得有一个人坐在船尾掌舵。不过,有时我划船也可以不需要舵手,而是通过辨别水草、睡莲以及岸边灌木的气味来掌握方向。船桨用皮带固定在桨环上,我从水的阻力来判断双桨用力是否平衡。以同样的方式,我还可以判断是逆流还是顺流。我喜欢同风浪搏斗——驾驭着小

船,让它服从于你的意志和力量,轻轻掠过波光粼粼的水面,劈开层层细浪奋勇前进,真是叫人心旷神怡!

我也喜欢划独木舟,尤其喜欢月夜泛舟——说这话,恐怕让你见笑了。我固然看不见月亮从松树后面爬上天空,悄悄地越过中天,为大地铺上一条闪光的道路,但我知道它就在那里。躺到垫子上,把手放进水里,我仿佛觉得月亮姑娘在从旁边经过,简直可以摸到她的裙子。有时,一条大胆的小鱼会从我手指间窜过;有时,一棵睡莲会含羞地碰一碰我的手。把小船划出一个海湾或者一处港口,我往往会有一种豁然开朗、海阔天空的感觉。我会感到有一股温暖的气流将我包裹起来,不知那是树林在阳光照射下散发出的暖气还是水蒸气。即便在市中心,我也会有这种奇异的感觉。在凄风苦雨的日子以及漫漫长夜里,这种感觉也常常会袭上我的心头,如温暖的嘴唇在我脸上亲吻。

我最喜欢乘船远航。1901 年夏天游览新斯科舍半岛,第一次接触海洋,我感到非常愉快。我和莎莉文小姐在伊万杰琳①的故乡逗留了几天,朗费罗美丽的诗句给这里增添了迷人的色彩。随后,我们又去了哈利法克斯②,在那里度过了大半个夏天——哈利法克斯港口真是一片乐土,跟天

---

① 美国诗人朗费罗作品中的人物。
② 哈利法克斯和新斯科舍半岛都位于加拿大。

堂一般。接着,我们又远航至贝德福德港湾、约克堡垒以及西北群岛,简直过的是神仙日子。夜里万籁俱寂,巨无霸一般的轮船静静地停泊在港口,我们在船外漫步,那种感觉简直太奇妙了。啊,海上旅行真是太有趣了,太美妙了!那是一段令我终生难忘的回忆!

一天,我们经历了一次激动人心的事件。西北群岛举办划船比赛,许多军舰都派员参赛。观者如堵,站在诸多帆船上观看,我们也在其中。比赛时,海面风平浪静,百帆竞发,个个争先。比赛结束后,众人散去,各船返航归家。就在这时,突见黑云从远处飘来,越来越浓,越来越厚,乃至遮满了整个天空。刹那间,风起浪涌,怒涛滚滚,张牙舞爪向我们扑来。我乘坐的小船勇敢地搏击风浪,船帆张开,索具紧扯,似乎在驾风飞翔。小船忽而在波谷中打转,忽而骑上了浪尖,在狂风恶浪里苦苦求生。大风把主帆吹落,狂怒地摇晃着小船,而我们握紧舵盘,坚强不屈地与之搏斗。我们的心在狂跳,手在颤抖,但我们并不害怕,想象着自己是北欧的海盗,相信船长最终能化险为夷——他镇定自若,有一双熟悉大海的眼睛,闯过了无数险风恶浪。安全抵达港口时,所有的船只从我们身边经过,都鸣号向我们致敬,水手们则向这艘帆船的船长欢呼致敬。最后,小船终于来到了停泊处,此时大家又饿又冷,已经疲惫不堪了。

去年夏天我去了新英格兰，在一个风光秀丽、令人心醉的村庄里度过了一段美好的时光。若说马萨诸塞州的兰瑟姆城，那儿有着我许许多多的欢乐，也有着我许许多多的忧愁。钱伯林先生和他的家人居住的靠近菲利浦国王池塘的红色农庄成了我的家，我在那儿一住就是好几年。想起朋友们的帮助以及和他们在一起的幸福日子，我便心怀深深的感激之情。他们家的孩子和我成了亲密的伙伴，给我带来了许多欢乐。我们一道玩游戏，一道去林中徜徉，一道在池塘里戏水。他们当中有年幼的孩子，正是咿呀学语的年纪，我给他们讲小精灵、侏儒、英雄和聪明熊的故事，他们听得高兴得不得了——这些细节给我留下了愉快的回忆。钱伯林先生还引导我去探索那些树木和野花的秘密世界。直至最后，我仿佛能听得到橡树体内树液流动的声音了，能看得到阳光在树叶和花瓣上闪闪发光的情景了。一首小诗可以表达我的心情：

　　　我与大自然产生共鸣，

　　　仿佛树根深埋于泥土，封锁在黑暗中，

　　　却能享受到树梢那儿的光明，

　　　仿佛在目睹那看不见的情景：

　　　阳光灿烂，鸟儿飞翔在辽阔的空中。

在我看来，每个人都有一种潜能，都可以理解开天辟地以来人类所留下的印象和所经历的情感。每个人潜意识里都留有对绿色大地、汩汩流水的记忆。即使是盲聋人，也无法剥夺他们这种从先祖遗传下来的天赋。这种遗传智能是一种第六感觉——融合了视觉、听觉、触觉于一体的灵性。

在兰瑟姆城我有许多朋友，其中之一是一棵十分壮观的橡树，它是我心中的骄傲。有朋友来访，我总会带着他们去欣赏这棵王者之树。它矗立在菲利浦国王池塘旁的一个高地上，据植物专家说已有八百年到一千年的历史了。传说中的菲利浦国王（一位英雄的印第安酋长）就是在这棵树下与世长辞的。

除了这棵壮硕的橡树，我还有一个树友，它比橡树要温和可亲——那是一棵长在红色农庄庭院里的菩提树。一天下午，电闪雷鸣，风雨交加，我感到房屋的侧墙轰隆响了一声，不用别人告诉我，我就知道是菩提树倒了，砸在了墙上。大家都跑出去，只见那棵经历了无数暴风雨的英雄树倒在了地上。看到它尽管奋力拼搏，最终还是逃不掉厄运，我不禁黯然神伤、心如刀绞。

不过，我特别要交代的是最后一年夏天来这里的情况。话说我在学校里的考试刚一结束，我和莎莉文小姐就马不停蹄地来到了这绿意盎然的乡间。我们在一个湖泊旁有一幢小别墅(兰瑟姆城有三个著名的湖泊)。在这里,我可以悠闲地尽情享受充满阳光的日子——作业、大学生活和喧嚣的城市都被我抛在了脑后。然而,就在这宁静的兰瑟姆城,我们却听到了世界上正在发生的躁动不安的事件——战争、政党分歧、社会动荡,听说在遥远的太平洋地区人们在进行着残酷、无谓的厮杀,获知劳资之间纷争不断。在我们这个人间乐园之外,人们忙忙碌碌,四处钻营,为俗事所烦心累身。而我们却如闲云野鹤,全然不管那些扰心的事。它们都只不过是过眼烟云,唯有这湖泊、树林、漫山遍野的雏菊和芬芳的草地才是永恒的。

人们往往认为,人类是通过眼睛和耳朵认知事物的。当发现我这样一个又聋又瞎的人竟能分辨出行走在城市大街上与走在乡村小路上是有所不同的时,他们不由得大为诧异(也许他们认为这是由于乡村没有水泥路的缘故吧)。他们忘了:我虽然失聪失明,但我的全身对周围的环境都是活跃和敏感的。在城市里,各种噪声和喧闹声在刺激着我的神经,我能感受到行人匆忙的步履以及熙攘的市声,这些无不在搅扰着我的精神。载重车轧过坚硬的路面发出的隆隆声,还有机器单调的轰鸣,简直就是一种折磨——盲人无法像正常人那样欣赏繁华城市里的街景,就一定会被城市里的这些杂音搅得心乱如麻。

在乡间，你看到的是大自然的杰作，不会为繁华城市里的那种为生存而进行的残酷斗争焦虑不安。我曾多次到贫民窟去，发现穷苦人住的街道又脏又窄。富人住豪宅，过着养尊处优的生活，穷人则栖身于肮脏、没有阳光的出租屋，简直是度日如年——这些情况令我感到气愤和不平。肮脏狭窄的小巷子里挤满了衣不蔽体、食不果腹的孩子。当你向他们伸出友好的手，他们却躲之犹恐不及，好像你要打他们似的。那些幼小的生命留在了我的记忆里，成为挥之不去的伤痛。那些成年男女也同样可怜，一个个鸠形鹄面、弯腰驼背。摸一摸他们那结满老茧的双手就知道，他们的一生是多么坎坷、艰难——奋争，跌倒，爬起来再奋争，结果一切努力都化为泡影。对他们而言，努力和成功是不对等的。

都说阳光和空气是上帝赐给所有人的礼物——果真如此吗？在城市肮脏的小巷里，空气污浊，是看不见阳光的。世人啊，你们怎么能忘了，当你们感谢上帝赐给你们食物时，你们的同胞却在挨饿！真希望人们离开城市，离开繁华和喧嚣，忘掉黄金梦，回到森林和田野里来，过一种日出而作日落而息的简朴生活！那时，他们的子孙后代就会像大树一样挺拔，心灵则似鲜花一般芬芳纯洁。在城市里工作了一年之后回到乡下，我心潮澎湃，有了以上的感想。

海伦·凯勒自传

在这里，我又一次踏上了松软、富有弹性的土地，沿着绿草茵茵的小路走到蕨草丛生的小溪旁，把手伸进溪水里去感受水波的荡漾，或者翻过一道石墙，跑进绿色的田野里去拥抱那狂欢一样一起一伏的大地——这样的感受该是多么叫人心情舒畅！

　　除了悠闲地散步，我还喜欢骑双人自行车四处兜风，任微风拂面，让"铁马"驰骋，感觉真是好极了。将自行车骑得飞快，给人一种力量感和快乐感，使你觉得脉搏跳动在加快，一颗心在怦怦跳动。

　　无论散步、骑马还是划船，只要有可能，我都会让狗陪我一道去。我一生中养过许多狗，以它们为友，其中有高大的马士提夫獒犬、目光温顺的西班牙猎犬、丛林猎犬以及忠实但其貌不扬的牛头梗。目前，我所钟爱的是一条牛头梗，一条纯种的狗，尾巴卷曲，其表情在它的朋友圈里算是最逗人的了。这些狗似乎很了解我的生理缺陷，旁边没人时便寸步不离地守卫着我。它们的关心以及摇尾巴表现出的热忱，令我感到心情愉悦。

　　下雨天出不了门，我就待在屋里像别的女孩子一样打打毛衣啦，或者编织小玩意儿啦，以此打发时间。我还喜欢随意地翻阅书籍，东一行西一行的，或者同朋友们下一两盘棋。我有一个特制棋盘，每个格子都是凹下去的，棋子可以稳稳当当地插在里面。黑棋子的顶面是平的,白棋子的顶面则是凹凸不平的。每个棋子的中间都有一个窟窿眼,上面可以安一个铜柄,让我能辨别出哪一个是国王,哪一个是普通棋子。棋子大小不一,白棋比黑棋大,这样我可以用手抚摸棋盘来了解对方的棋势。棋子从一个格移到另一个格会产生震动,我就可以知道什么时候该轮到我走棋了。

在独自一人百无聊赖时,我便玩单人纸牌游戏,高兴得不亦乐乎。我玩的纸牌,在右上角有一个盲文符号,由此可以分辨出那是张什么牌。

如果跟前有小孩,那么,和他们玩耍是最叫人高兴不过的事了。我觉得,哪怕是年龄很小的孩子也可以成为很好的玩伴。叫人心情愉快的是,孩子们都很喜欢我,领着我到处跑,把他们认为有趣的事情讲给我听。当然,年龄小的孩子是不会用手指拼写字的——遇到这种情况,我就摸他们的嘴唇进行唇读。假如还是不懂他们的意思,他们就打手势,用哑语跟我交流。有时我会产生误解,举措失误,结果会引得他们咯咯大笑,随后哑剧表演又重新开始。我也常给他们讲故事,教他们做游戏——大家在一起玩得很痛快,时间像插了翅膀一样飞快流逝。

博物馆和艺术馆也是乐趣和灵感的源泉。毫无疑问,许多人都感到奇怪:眼睛看不见,怎么仅用手摸,就能感受到大理石雕像所展现的动感、情感以及美感？抚摸那些伟大的艺术作品，我的确能获得莫大的欢乐，这可是千真万确的。当我的指尖触摸到这些艺术品的线条时，我就能感受到艺术家们所要表达的思想和感情。通过触摸那些神像和英雄雕像，我可以感受到他们的爱憎和勇气，就跟摸活人的面孔一样真切。摸一摸狄安娜①的雕像，就能感受到森林中那种文雅、自由的生活以及驯服猛狮、让最凶狠的野兽低头的气概。维纳斯②雕像所表现的安详和典雅使我的灵魂充满了喜悦，而巴雷③的铜像则把丛林的秘密展示给了我。

在我书房的墙上有一个荷马④的圆形雕像，挂得很低，抬手就能摸到。我常以崇敬的心情抚摸他那英俊而忧伤的面庞，对他庄严的额头上每一道皱纹都了如指掌——那些皱纹记载着他的人生经历，是他奋斗和忧伤的见证。虽然我摸的是冰冷的石膏像，但仍能感受到他那双盲眼在苦苦为他的祖国寻求光明和蓝天，而他的上下求索最终只是空梦一场；摸一摸他那漂亮的嘴唇，我感受到的则是坚毅、真诚和柔情。那是一张饱经忧患的诗人的脸庞！啊，我是多

①　罗马神话中的月亮与狩猎女神。
②　罗马神话中爱和美的女神。
③　19 世纪法国著名雕塑家。
④　古希腊盲诗人，创作了史诗《伊利亚特》和《奥德赛》。

么理解他呀,理解他的满腹惆怅,理解他是怎样在漫漫长夜中挣扎和求索! 正所谓:

> 黑暗,黑暗,不见太阳的光芒,
> 茫茫黑暗犹如日食,吞没了太阳,
> 再也没有希望重见日光!

　　我仿佛听见荷马在歌唱,从一个营帐行吟到另一个营帐,摸索前行,深一脚浅一脚,歌唱生活、爱情和战争,歌唱一个英雄民族的光辉业绩。那响遏行云的歌是何等悠扬,为盲诗人赢得了不朽的桂冠和万世的景仰。

　　有时我暗自思忖:我的手可能比眼睛更为敏感,更能领略到雕像之美,比眼睛更能欣赏那流畅、美妙的线条和曲线。不管是否如此,反正我知道:摸一摸那些大理石神像,我就能感受到古希腊人澎湃的激情。

　　我还有一个爱好(与以上的爱好相比稍微逊色一些),那就是看戏。到剧院看戏,让别人把剧情讲给我听,我觉得这比读剧本要有趣得多——这给我一种身临其境的感觉,仿佛自己就置身于沸腾的事件之中。我有幸接触过几个名角,他们的表演出神入化,令你心醉神迷,打破时间和地点的限制,使你仿佛回到了充满浪漫情调的历史中去。埃伦·特里小姐就是其中的一个。一次,她扮演一个理想化了的王后,我获准触摸她的脸和戏装。她气度高雅、端庄,让你一见就会忘掉所有的悲伤。亨利·欧文勋爵穿着国王服饰站在她的身旁,举手投足无不显露出超群出众的才智和王家气度,而这气度反映在他那敏感面部的每一处。他所扮演的国王脸上有一种悲哀的表情,淡漠和疏远,让我永远也难以忘怀。

杰弗逊先生也是我认识的一位演员。我为自己能成为他的朋友而感到骄傲。我到某个地方去,如果他碰巧在那儿演出,我就一定会去看望他。记得第一次看他演戏,我正在纽约求学。他演的是《瑞普·凡·温克》[1]。以前我读过原作,读了好多遍,但他扮演的瑞普是那样生动,那样慢条斯理、古里古怪却又心地善良,有一种我以前从未感受到的魅力。杰弗逊先生的表演棒极了,逼真极了,使得我陶然若醉。至今我还保留着一本盲文版的《瑞普·凡·温克》,百读不厌。演出结束后,莎莉文小姐带我去见杰弗逊先生,使我有幸触摸了他那古怪的戏装以及飘逸的长发和大胡子。杰弗逊先生还让我摸了他的脸,让我感受瑞普睡了二十年,醒来后是什么样的一种神情,还给我表演可怜的瑞普是怎

----

① 19世纪美国小说家及历史家华盛顿·欧文的名篇。书中的主人公瑞普一觉睡了二十年,醒来后发现美国发生了翻天覆地的变化。

样摇摇晃晃,最后才站稳了脚跟。

　　我还看他表演过《情敌》①。一次我到波士顿,去看望了他,他给我表演了《情敌》中最精彩的几个片段。当时,接待室成了戏台,他和他的儿子坐在一张大桌子旁,他表演鲍伯·阿卡斯②写战书的情景。我用手摸着他,尽知他的一举一动,体会到了他的言行是多么滑稽可笑,而这些让别人描述是不可能如此生动的。后来一对情敌展开了决斗,我用手摸着能感受到可怜的鲍伯勇气在从他的指尖渗出,剑法大乱。接着,这位伟大的演员又是扯衣服又是鼓腮帮,感染力极强,使我仿佛置身于"落水村",感到施奈德把他那毛发蓬松的头枕在了我的膝上。杰弗逊先生还给我背诵了几段《瑞普·凡·温克》的台词,笑得我眼泪都出来了。他让我根据台词摆几个姿势,做几个动作。我当然对戏剧表演一窍不通,只能瞎猜,胡乱做了几个动作,而他的表演与台词配合得真是天衣无缝。只听这位"瑞普"喃喃自语道:"一个人失踪后,难道这么快就被人们忘掉了吗?"他在长眠二十年之后醒来时,茫然地寻找他的狗和猎枪;跟德里克签约时则犹豫不决,表情十分滑稽。这些虽然是想象中的情景,但经他一表演,看上去却似来源于真实的生活。

---

① 18 世纪英国剧作家谢立丹的成名作。
② 《情敌》里的人物,一个外强中干的胆小鬼。

海伦·凯勒自传

第一次到剧院里看戏时的情景,我现在仍记忆犹新。那是十二年前的事情了。当时,小演员埃尔西·莱斯利在波士顿巡演。莎莉文小姐带我去看她演的《王子与贫儿》①。剧情跌宕起伏,有悲伤也有欢乐,埃尔西·莱斯利的表演精彩纷呈,这些都给我留下了难以磨灭的印象。散场后,我获准去后台见这位小演员,当时她还穿着王子的服装。她站在那里向我微笑,一头金发披散在肩上。虽然刚刚为全场观众表演完了一场戏,却一点儿也没有疲惫和不愿见人的样子。我觉得像她那么可爱的孩子,恐怕天下难找到第二个。那时,我刚开始学说话,练习说她的名字不知练了多少遍,直到发音正确为止。你可以想象,当她听懂了我的话,毫不犹豫地伸出手来欢迎我时,我心里该有多么高兴!

虽然生命中有很多缺陷,但我仍可以有如此多的方式触摸到这个多姿多彩的世界。世界是美好的,甚至黑暗和沉寂也是如此——不管境况如何,我都学会了以乐天知命的态度加以对待。

有时候,当我孤独地坐着等待生命的大门关闭时,一种与世隔绝的感觉就会像冷雾一样笼罩着我。跟前就有一个阳光灿烂、音乐绕梁、充满了温馨友谊的世界,但我却进不

---

① 马克·吐温的代表作。

去,命运之神冷酷无情地挡住了我的去路。我多么想对命运之神专横的禁令提出抗议,因为我的心向往自由,仍激情满怀,但话到嘴边却说不出来,只好将委屈又咽回肚子里去,真是哑巴吃黄连有苦说不出。沉默,我的灵魂一味地沉默! 这时,希望女神会微笑着悄声告诉我:"忘掉困境,就会有欢乐!"于是,我换一种眼光看世界,把别人眼睛所看见的光明当作我的太阳,把别人耳朵所听见的音乐当作我的乐曲,把别人嘴角的微笑当作我的快乐。

第二十四章　友谊树常青,温情暖人间

帮助过我的人数不胜数,他们增加了我的幸福指数,只恨自己笔力不胜,无法一一讲给读者听。本书中介绍了几位,一定能赢得读者的尊敬,还有一些没有列出,将不会为读者所知——他们不计名利,其影响将永存于我的生活,使我的生活变得温馨,有了高尚的气息。我真是三生有幸,结

海伦·凯勒自传

识了这样一些朋友,他们如同一首首优美的诗打动了我的心——他们和我握手,恻隐之情尽在不言之中;他们心地善良、性格温和,能令我急躁的心归于平静(那是一种极好的心态)。困惑、愤怒以及忧愁会被一扫而光,犹如噩梦般顿然消失,我醒来后会感到耳目一新,尽情欣赏上帝所创造的美丽、和谐的现实世界。日常生活中遇到的烦琐事情会突然大放异彩。总之,有这些益友在身旁,我就感到心境平和,诸事如意。这样的朋友,你也许只是萍水相逢,可能今生今世再也不会见到,但他们那平静的心和温和的性格却会对你产生影响,使你不再仇恨和抱怨,对你的灵魂起到滋补作用,犹如山涧以其清冽的水滋补海洋。

常常有人问我:"你跟人交往,感到心烦吗?"我不明白他们为什么要这样问。我只觉得那些不明事理、爱打听别人私事的人,尤其是那些新闻记者,才叫人心烦。我也不喜欢以迁就的口气跟我说话的人,这就像有个人和你一起散步,他特意减慢步子,为的是和你保持同步——这两种情况都有点虚伪,让人心中不快。

跟我握握手,我就知道对方是哪一类人——有的人傲慢无礼;有的人郁郁寡欢,手指冷若冰霜,握上去就跟遭遇了西北风一样,有一种冰冷刺骨的感觉;有的人似阳光一般温暖,握他们的手,感觉到一颗心都是暖洋洋的;有时握的虽然只是一个小孩的手，但我从握手中能感受到阳光一样的温暖，这就像别人看到慈爱的目光一样。一次诚挚的握手或者一封友好的来信，都会给我带来真正的欢乐。

我有许多素昧平生的远方朋友，他们纷纷来信表示问候，但人数太多，我有些力不从心，无法一一写回信。在此，我对他们的关怀深表感激，只恨自己无力一一作答。

我非常荣幸能够认识许多智者，并且和他们一起交流。只有认识布鲁克斯主教的人，才知道他的友谊会给你带来多么大的欢乐。小的时候，我喜欢坐在他的膝上，用我的一只小手握住他的大手，听他颂扬上帝以及讲述精神世界的真理，而莎莉文小姐则把他的话拼写在我的另一只手上。我听了既惊奇又高兴。我毕竟年幼，无法达到他的那种精神境界，但却能真正感受到精神的愉悦。每次和他见面，我都会产生一种崇高的思想——这些思想在我的心里生根发芽，随着我年龄的增长变得愈加美丽，意义愈加深远。一次，我问他为什么世界上有那么多的宗教。他回答说："海伦，只有一种宗教有着放之四海而皆准的真理，那就是爱的宗教。以你整个身心爱你的天父，尽你所能去爱上帝的每个儿女，坚信善的力量必定强于恶——做到这几点，你就拿到了进入天堂的钥匙。"他的一生就是对这一伟大真理的有力诠释。他的灵魂有着崇高的爱、渊博的知识以及坚定的信仰，这些使得他目光敏锐、洞察秋毫。他看到：

上帝无处不在，使你的精神得到解放和提升，

令你谦虚、善良和平静。

布鲁克斯主教从未教我什么特别的信条，但是他把两种伟大的思想铭刻在了我的脑海里——上帝乃万物之父、四海之内皆兄弟。我感觉到，这一伟大真理是一切信条和教义的基础。上帝是爱，上帝是父，我们是他的儿女。乌云总是要被驱散，正义永远会战胜邪恶。

我在这个世界上生活得很幸福，很少想到来世会怎么样，然而我却时常怀念我的亡友——他们已到了天堂，正在那儿等候着我。日月如梭，虽然他们离开人间已有多年，但仿佛依然在跟前，如果他们什么时候拉住我的手，像离开这个世界之前一样对我说出温馨的话语，我丝毫不会觉得惊奇。

布鲁克斯主教辞世后，我通读了《圣经》以及几本富含哲理的宗教著作，其中有史威登堡①的《天堂和地狱》、德拉蒙德②的《人类的进化》，我发现任何教义和信条都不如布鲁

---

① 18世纪瑞典神学家、哲学家。
② 苏格兰牧师。

克斯主教所说的爱的信条那般能给人的心灵带来深深的慰藉。至于《人类的进化》的作者德拉蒙德先生,我是认识的,记得他的握手有力、温暖,像是在为你祝福。他是个极富感染力的朋友,知识渊博,待人诚恳,你不可能感受不到他那浑身上下散发出的魅力。

我还认识奥利弗·温德尔·霍姆斯博士[①],和他第一次见面时的情景至今仍历历在目。那是一个星期日的下午,他邀请我和莎莉文小姐到他家去。那是初春时节,我刚学会说话不久。一进门我们就被带进他的书房。他坐在壁炉旁边一张扶手椅上。炉火熊熊,木柴被烧得噼啪作响。他说自己正在回忆往事。

"是在倾听查尔斯河[②]的细语吧?"我说。

"是的,"他回答说,"查尔斯河勾起我许多美好的回忆。"

我闻到屋里有一股印刷油墨味和皮革的气味,知道这里有许多书,于是不由自主伸出手去摸,结果摸到了一卷装订精美的丁尼生诗集。莎莉文小姐告诉了书名,我就背诵了以下诗行:

---

① 19 世纪美国诗人、著名法学家、美国最高法院大法官。
② 马萨诸塞州的一条重要河流。

　　　　　　　海伦·凯勒自传

一个浪接着一个浪,

　　撞击在冰冷、灰色的礁石上,

　　啊,海洋!

　　背诵到这里,我便戛然而止了,因为我感觉到有热泪滴落在了我的手上——原来,我的背诵使得我敬爱的诗人霍姆斯博士热泪盈眶,这叫我深感不安。接着,他让我坐在他的椅子上,转身去拿各种有趣的东西让我鉴赏。应他的请求,我朗诵了《遭禁锢的鹦鹉螺》①,这是我最喜欢的一首诗。后来,我又见过霍姆斯博士好多次,不仅喜欢上了他的诗歌,也喜欢他的为人。

　　跟霍姆斯博士见面后不久,在一个美丽的夏日,我同莎莉文小姐一起又去拜访了惠蒂尔。惠蒂尔的家位于梅里马克河河畔,环境幽静。他温文尔雅,谈吐不凡,立刻赢得了我的喜欢。他有一部诗集被制成了凸字版,我为他读了里面的一首名为《学生时代》的小诗。他对我能如此准确地发音非常高兴,说他听起来一点儿不困难。针对《学生时代》,我提了很多问题,他回答时,我则将手放在他的嘴唇上唇读。他说那首诗中的小男孩就是他自己,女孩子的名字叫

---

　　①　该诗是霍姆斯博士的父亲老奥利弗·温德尔·霍姆斯的遗作。

萨莉。除此之外,他还说了一些别的什么,我已经记不得了。接下来,我又朗诵了《荣誉归于上帝》。当我朗诵到最后几行时,他在我手中放了一个奴隶的塑像——那塑像呈蹲伏状,正在抖落身上的锁链,其情形如彼得被天使救出监狱时挣脱镣铐一样①。后来,我们到他的书房里去,他为莎莉文老师亲笔题字,表达对她工作的钦佩:"你高尚的劳动使你亲爱的学生打破了思想的束缚,令人不胜敬佩——你真诚的朋友约翰·惠蒂尔。"接着,他对我说:"她是你心灵的解放者。"最后,他送我们到大门口,温柔地吻了我的前额。我答应第二年夏天再来看望他,但未等我履行自己的诺言,他便离开了人世。

我有许多忘年之交,而爱德华·埃弗里特·黑尔博士②就是其中的一个。我八岁那年就认识他,年龄越大,便越发敬重他。他博学、温和、富于同情心,在我和莎莉文小姐遇到困难、情绪低落的时候,曾给了我们极大的鼓励,正是他那坚实有力的手扶持着我们闯过了许多激流险滩。他不但帮助和鼓励我们,还向无数身处困境的人伸出过援手。他用爱给人类的行为准则和教规教义做了诠释,注入了新的内容,以身作则地告诉人们应该信仰什么,应该怎样生活,

---

① 该典故出自《圣经·使徒行传》。
② 19世纪美国历史学家。

怎样去追求自由。他对我们的谆谆教导完美地反映在了他的一生中——爱祖国、爱所有的同胞,追求进步,不断进取。他是一位先行者,一位精神领路人,一位言必信、行必果的人,是人们的良师益友。愿上帝祝福他!

前面我写过与亚历山大·格雷厄姆·贝尔医生初次见面的情形。后来,我又多次见到他,和他一起度过了许多美好的时光,或在华盛顿,或在他美丽的家中——他的家位于布雷顿角岛①腹地,离巴德克村不远(该村曾被查尔斯·达德利·华纳②写在书里,从而名闻天下)。在贝尔医生的实验室里,或者在浩瀚的布拉多尔湖③湖畔的田野上,我静静地听他讲述自己的实验,心中充满了喜悦。我们还一起放风筝。他告诉我,说他希望通过放风筝能发现一种操纵未来飞船的方法。贝尔医生在诸多科学领域都十分在行,并且善于把自己研究的每一个课题生动有趣地向你描述,即便极为深奥的理论知识也被他讲得明白易懂。他能让你感到:只要肯花一点时间,你也可以成为发明家。他不但严谨,还非常幽默和富有诗意,对儿童也满怀爱心。他怀里抱着聋哑儿,是他最快乐的时刻。他为聋哑人做出了卓越的

① 北美洲大西洋上的岛屿,位于加拿大新斯科舍省东部。
② 19 世纪美国散文家、小说家。
③ 布雷顿角岛的无潮汐咸水湖,面积近 1098 平方公里。

贡献,其成就将造福千秋万代。我们爱戴他,是因为他对人类的辉煌贡献,也因为他对人们的循循善诱。

在纽约的那两年中,我有许多结识名人的机会。那些人的大名如雷贯耳,早已听人说过,只是以前无缘相会。他们中的大多数,都是在我的好友劳伦斯·赫顿①家中遇到的。我十分荣幸能够到赫顿夫妇那温馨的家里做客,参观他们的藏书室,拜读各种题词——许多富有才华的朋友都为他们夫妇题词留念,词句优美,包含着光彩夺目的思想。据说赫顿先生能唤起人们内心深处高尚的思想和美好的感情。读过他的作品《我所认识的男孩》,你就知道此话果然不虚。书中的男孩宽以待人,恐怕是天下心眼最好的人了,不管你遇到什么样的困难他都会出手相助——无论是对他的爱犬还是对同胞,他都表现出了这种大爱精神。

赫顿夫人是一个能和你患难与共的真诚朋友。正是因为有了她,我才有了一份极为甜蜜、极为珍贵的友谊。在大学求学期间,她经常为我指点迷津,帮助我取得进步。每当我学习遇到难以越过的难关,情绪低落时,看一看她写给我的信,我就会精神大振、勇气倍增。她让我意识到:闯过难关,就会海阔天空。

---

① 19世纪美国散文家、评论家。

　　　　　　　海伦·凯勒自传

赫顿先生给我介绍了许多文学界的朋友,其中名气最大的要数威廉·迪安·豪威尔斯先生和马克·吐温了。我还见过理查·沃森·吉尔德先生①和艾德蒙德·克拉伦斯·斯特德曼先生②。查尔斯·达德利·华纳先生也是在这里认识的。他是个讲故事高手,也是个极受人爱戴的朋友,可以说是个极富同情心的人,爱人如爱己。有一次,华纳先生带着森林诗人约翰·巴勒斯先生来看我。他们和蔼可亲,无论是散文和诗歌创作上的造诣还是人格魅力,都叫我敬佩。这些文学界名流谈天说地,诙谐幽默、妙语连珠,句句闪烁着深邃的思想光华,令我望尘莫及。我就像阿斯卡尼俄斯③一样,狼狈不堪地跟在大步流星的英雄埃涅阿斯身后朝着伟大的命运走去。他们给我讲述了许多有趣的事情。吉尔德先生说他曾在月光下穿过大沙漠到金字塔那儿去。有一次他写信给我,在签名下做了个标记,那标记深深地凹陷下去,至今仍能摸得到。说到这里,又让我想起了黑尔医生,想起他每次写信来,都会把他的签名制成盲文,这成为他的特征。我用唇读法听马克·吐温为我朗诵过他的一两篇精彩的短篇小说。他的思想和言行都有着特殊的个

---

①　19世纪美国诗人、编辑。
②　19世纪美国诗人、评论家、散文家、银行家和科学家。
③　根据希腊和罗马神话,阿斯卡尼俄斯是特洛伊王子埃涅阿斯的儿子。特洛伊城沦陷后,埃涅阿斯带着全家逃往意大利,成为罗马人的先祖。

人魅力。跟他握手，我感觉到他目光如炬，放射出奕奕光彩。甚至在他用那种难以形容的滑稽的声调说出颇具睿智的讽刺话语时，你也能感受到他的心里具有一种荷马史诗《伊利亚特》中所描绘的温情以及人与人之间的同情。

在纽约，我还结识了许多其他的有趣人物，其中包括《圣尼古拉斯报》受人尊敬的编辑玛莉·玛普斯·道奇夫人和《容易受骗的人》一书的作者——可敬的里格斯夫人（凯特·道格拉斯·威金）。他们送给我可心的礼物以及反映他们真知灼见的书籍，给我写来鼓舞人心的信件，还将他们的照片赠送给我（这些照片我喜欢让别人一遍遍地描述给我听）。只可惜本书篇幅所限，不能尽述所有的朋友。事实上，他们都有一颗天使的心，其善举极为神圣，是无法用冰冷的文字表达的。甚至对劳伦斯·赫顿夫人，我也是经过再三犹豫才提到的。

此处，我再提两位朋友。一位是匹兹堡的威廉·肖夫人，我常到她的林德赫斯特别墅做客。她的一举一动都让人感到如沐春风。多年来，她对我和莎莉文小姐一副柔肠，给我们提了不少颇具睿智的建议，使我们受益匪浅。

另一位是卡内基先生①，他也是一位叫我没齿难忘的朋

---

① 19世纪美国著名企业家、钢铁大王。

友。他以卓越的企业领导才能闻名于四海,赢得了所有人的敬重。他乐善好施,默默地奉献,做好事从不留姓名。对于这样一个光荣的名字我原本是不该提的,可又不得不提,因为不提不足以表达我的感恩之心——正是由于他的热情帮助,我的大学梦才得以实现。

就这样,朋友们撰写了我的人生故事。他们以各种各样的方式将我的缺陷转变成了美好的特权,使我能够在由缺陷带来的黑暗中阔步前进,宁静而幸福地生活。

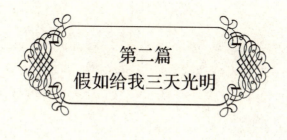

第二篇
假如给我三天光明

我们大家都读过感人肺腑的故事,故事里的主人公仅仅能活有限的一段时间——这段时间或许长至一年,或许短到二十四小时。但历来叫我们感兴趣的是看看那厄运临头的人究竟怎样度过自己生前最后的几天或几个小时。当然,此处谈论的是有选择余地的自由人,而非活动范围受到严格限制的获刑犯人。

　　这样的故事引起我们的思考:遇到类似的情况,我们该如何是好? 反正终有一死,在人生这最后几个小时里应该安排什么样的事件、什么样的经历、什么样的交往呢? 回首往事,我们会有几多幸福,几多遗憾呢?

　　有时我想:珍惜每一天,仿佛明日就会离开人世,这才是好的生活习惯。这种态度鲜明地强调了人生的价值。每一天,我们都应该温文尔雅、活力四射,应该充满感恩之心。

而当人生漫漫无涯,一天天、一月月、一年年在我们的面前延展时,我们往往会舍弃这种人生态度。当然,有些人信奉的是伊壁鸠鲁的信条——"吃、喝、玩、乐",但绝大多数人想到即将离开人世,则会有紧迫感。

故事里厄运当头的主人公,常常在最后一刻由于命运突变而获救,但十有八九他的人生价值观会发生变化。与以前相比较,他懂得了生活的意义以及人生永恒的精神价值。常常可以看到这样的现象:从死亡阴影里走出来的人,无论干任何事情都甘之如饴。

但是,我们大多数人都抱着听天由命的态度。我们情知自己终有一天会死去,但总把那一天想象得在遥远的将来。当我们心宽体健时,死亡几乎是不可想象的。我们很少把它往心里去。日子一天天延展,无端无尽。于是我们忙于鸡毛蒜皮的小事,对自己疲沓的人生态度几乎全不以为意。

我们在利用自己的天赋和感官时,恐怕也是如此麻木不仁。只有聋子才珍惜听力,唯有瞎子才体会得到能看见事物的种种幸福。这种结论特别适合于那些在成年阶段失明、失聪的人,而那些从没有遭受视觉或听觉损伤之苦的人却很少充分利用这些天赐的官能。他们糊里糊涂用眼睛看、用耳朵听,走马观花,漫不经心。有一句老话说得好:一旦失去才知道珍惜，病魔缠身方明白健康的重要。

我常常想：如果每个人在他最初步入成年期的时候突然失明、失聪，当几天瞎子、聋子，倒是件好事。黑暗会使他更珍惜视力，沉寂可教会他享受声音。

我时不时要询问一些眼睛能看得见的朋友，想了解他们究竟看到了什么。最近，一位挚友来探望我，她刚在森林里散了很长时间的步。我问她途中看到了什么。她答道："没什么特别的。"我已经习惯了这样的回答，老早就坚信眼睛好的人什么都看不到，否则此刻我真不敢相信她的话。

我心里在问："在森林里走了一个小时的路，竟然看不见任何值得注意的东西，这怎么可能呢？"我眼睛看不见，但用手触摸也能发现无数令人感兴趣的东西呀。我触摸得到树叶那精致对称的纹路。我常用手充满爱意地抚摸白桦树那光滑的树皮，或者抚摸松树那高低不平、毛茸茸的树皮。春天我触摸树枝，希望能摸到嫩芽——那是大自然冬眠后，从梦中苏醒的第一征兆。我触摸过鲜花那令人愉快的天鹅绒般柔软的纹路，感觉得到它的纹路回旋弯曲、精美绝伦，从而发现了大自然的一种奇异的现象。有的时候，如果走运的话，我把手轻轻放在一棵小树上，可以感觉到鸟儿高歌时兴奋的颤抖。我喜欢伸开手指，让凉凉的溪水从指间快速地流过。我觉得，松针或柔软的青草铺就的地毯很舒适,要胜过最奢华的波斯地毯。在我看来,四季的胜景犹如戏剧,激动人心,永不谢幕,在我的指尖触摸下一幕幕搬演弗息。

有时,我的内心在呐喊,渴望看见这缤纷的景色。单凭触觉就可以获得如此大的欢乐,真不知眼睛看到的一草一木会美丽到何种程度。然而,眼睛能看得见的人对什么都视而不见,对世间五颜六色、沸腾热闹的景象漫不经心。也许人性如此——对于已经拥有的满不在乎,只一味追求自己所不拥有的东西。在光明的世界里,视力仅仅被看作方便的工具,而非为生活增光添彩的手段,这是天大的遗憾。

如果我是大学校长,我就要开设一门必修课——"如何利用眼睛"。授课的教授应该致力于教导学生如何珍视从眼前一闪而过,往往被忽略的东西,从而为生活增添欢乐。其目的是唤醒学生休眠的、呆钝的能力。

如果我能使用自己的眼睛,比方说,仅仅使用三天吧,我就想象自己最渴望看到什么样的景物,也许如此最能说明问题。在这个过程中,建议你也让想象力驰骋——如果你只有三天的时间能看到东西,自己该怎样利用眼睛? 第三天晚上夜幕降临,你知道自己将再也无法看到太阳升起,那么你该怎样度过中间这三天宝贵的时光呢? 你最愿意让目光停留在什么景物之上呢?

我当然最想看的是在多年茫茫黑暗中被我视为珍宝的东西。你恐怕也愿意让目光停留在自己所珍视的东西上，这样可以把对它们的记忆带入迫近的长夜里。

假如天降奇迹，给我三天的时间看东西，随后又陷于一片黑暗之中，我将把这段时间分为三个部分。

第一天

第一天，我想亲眼看看那些身边的人——他们的善心、温情和友情使我的人生有了意义。首先，我想久久地端详我亲爱的老师安妮·莎莉文·梅西夫人的面容。我小的时候，她步入我的生活，向我揭示了外部世界的风采。我不仅要端详她的面容，以便能把它珍藏在我的记忆中，而且我还要研究这张脸庞，在那里找到生动的证据，以证实她内心的同情心、温情和包容——正是靠了这些品质她排除万难对我施教。我要看她眼睛里包藏的那种性格力量——它使得她面对困难时坚忍不拔,还要在她眼里看到她对芸芸苍生的恻隐——那是她经常向我显示的一面。

我不知道通过"心灵的窗口"——眼睛,窥探一个朋友的内心是怎样一种感受。我只能通过我的指尖"看"人们的面容。我能察觉到欢笑、悲伤和其他许多明显的感情。我通过触摸面庞了解我的朋友,但以这种方式却无法真正了解他们的品格。当然,我是通过其他方式了解他们品格的——如通过他们对我表达的思想,以及对我展现的各种行为。不过,我无法更加深入地了解他们——我坚信只有用眼睛看着他们,观察他们对各种外露的思想和各种情况产生的反应,留心观察他们眼睛里和面庞上那突然涌现、转瞬即逝的神情才能够做到这一点。

我熟悉身边的朋友,因为在漫长的岁月里他们从各个方面让我了解了他们。但对于萍水相逢的朋友,我却印象模糊——跟他们握握手,或者交谈(我用指尖触摸他们的嘴唇了解他们的话语,抑或他们把要说的话写在我的掌心),只能获取不完整的印象。

至于眼睛能看得见的人,瞧见别人表情的变化、肌肉的颤抖和手的摆动,轻而易举便可以迅速了解对方的基本情况,那该是多么舒心啊!但你是否想到过用眼睛窥探朋友或熟人的内心世界?大多数眼睛能看得见的人在观察一张面孔时,只是漫不经心地看看外部特征,仅此而已,难道不是吗?

例如,你能精确地描绘五个好朋友的面容吗?有些人能,但许多人是做不到的。作为实验,我曾问过一些相处多年的男士,问他们妻子的眼睛是什么颜色。他们常常表现得窘迫和慌乱,承认他们不知道。顺便说一句,妻子们经常抱怨,说她们的丈夫不关心她们的新衣服、新帽子以及家里摆设的变化。

眼睛能看得见的人对周围的景物很快便习以为常,其实他们只注意触目惊心、辉煌壮丽的东西。而且,即便在看极为壮丽的景象时,他们的目光也是懒散的。根据法庭的记录,每天审案时,"证人"的证词是多么缺乏准确性。一个案件,他们从不同的角度看,证词五花八门。一些人注意到的细节较多,但几乎无人能把视野里的东西"一览无余"。

啊,我要是能看得见就好了,哪怕只给我三天的时间。我将把缤纷的现象尽收眼底!

第一天会是很忙碌的,我要把所有的亲朋好友都叫来,久久端详他们的面容,永远记住反映他们美丽心灵的外表特征。我还要让我的目光停留在一个婴儿的脸上,欣赏他那热切、单纯、美丽的面容——那是一副尚未阅历人世间沧桑的表情。

而且，我要看看我的狗那忠诚、信赖的眼睛——庄重、机灵的苏格兰小猎犬达基和健壮、善解人意的丹麦猛犬赫尔加是我的朋友，它们热情、温柔、顽皮，成为我巨大的安慰。

　　在忙忙碌碌的第一天，我还要瞧瞧家里的那些简单的小摆设。我渴望看看脚下暖色的地毯以及墙上的图画，欣赏一下洋溢着家庭气氛的亲切的小物件。我还要怀着敬意看看那些自己读过的凸字版书籍，但对于眼睛好的人所读的书我会更感兴趣。在我漫漫的人生长夜里，我读过的书以及别人念给我听的书构成了一座闪闪发光的巨大灯塔，向我揭示了人生以及人类思想最深层次的意义。

　　在眼睛能看得见的第一天，下午我要到树林里好好散散步，陶醉地观赏旖旎的风光，在短短的几个小时中争取把那幅持续不断在眼睛好的人面前展开的壮丽画卷尽收眼底。林间远足返程中，脚下的小路紧贴农场穿过，于是我可以看到勤奋的马儿（或许只可以看见一台拖拉机）在田间耕犁，可以看到乐天知命的农夫跟泥土紧密相偎的景象。看到色彩斑斓的落日余晖，我真该为它的壮观而祈祷。

　　暮色垂降，我为能够看到人造光而倍感欢欣——那是大自然黑暗笼罩时，天才的人类创造出的光芒，以延展他的视力。

恢复视力的第一天,夜间我无法入睡,脑海中充满了白天的记忆。

第二天

次日是我恢复视力的第二天。我会随曙光一道起床,观看黑夜转成白昼那激动人心的奇迹。我要怀着肃然敬畏的心情,去看太阳以万道金光唤醒沉睡的大地时那壮观的景象。

我要用这一天匆匆浏览这个世界,了解它的过去和现在。我很想看一看波澜壮阔的人类进步史,看一看叫人眼花缭乱的时代变迁。要看的东西太多,一天怎能看得完呢?当然要到博物馆看喽。纽约自然历史博物馆是我的常去之地——我用手触摸琳琅的展品。不过,我渴望用眼睛看馆中列出的关于地球以及地球居民那浓缩的历史。那儿展览的有动物和人类在自然环境中共存的画面,有恐龙和乳齿象那巨大的骨架——这些动物早在人类出现之前就漫游于地球各处,后来身材小巧但大脑发达的人类征服了动物王国。博物馆逼真展现了动物和人类进化的过程,展现了人类如何发明工具,如何用工具在这个星球上为自己建立了一个安全的家园,还展现了其他许许多多自然历史的片段。

读这篇文章的人,不知有多少去过那个激发人灵感的博物馆,看过那儿展出的形象逼真的生动画面?许多人当然没有这个机会,但我肯定许多人有机会却没有利用。那儿的确是一个叫人开眼界的地方。眼睛好的人可以在那儿度过许多收获丰硕的日子,而我只有虚拟出来的三天时间,仅能够匆匆一瞥,而后便要离去。

我的下一站将是大都会艺术博物馆。自然历史博物馆展示这个世界物质方面的内容,而大都会艺术博物馆则展示人类精神世界的方方面面。在人类历史的长河中,人们渴望艺术表现,而这种渴望几乎就跟他们对食物、住所以及繁衍的渴望一样强烈。在这里,在大都会艺术博物馆那宽敞的大厅里,在我面前展示出通过艺术形式表达出来的古埃及、古希腊和古罗马的精神世界。通过手的触摸我已经很熟悉古代尼罗河流域的众神的塑像了。我触摸过帕提侬神庙中楣石柱的复制品,感觉到了冲锋陷阵的雅典武士雕像那匀称和谐的美。阿波罗、维纳斯和有翅膀的萨摩丝雷斯胜利女神是我用手指尖结交的朋友。荷马那疙里疙瘩、胡子拉碴的雕像叫我感到无比亲切，因为他也是盲人。

我曾久久抚摸古罗马以及后人创作的那些栩栩如生的大理石雕像，也曾让我的手滑过米开朗琪罗为鼓舞人心的英雄摩西创作的石膏像；我感受到了罗丹的艺术力量；对于哥特木雕那火热的精神我深感敬畏。这些可以触摸到的艺术品对我有着实在意义，但即便如此，它们原本也是供人观赏而非触摸的——艺术品之美我一无所知，只能猜测猜测而已。我可以欣赏希腊花瓶上质朴的线条，却无法了解花瓶精美的装饰。

所以，眼睛能看得见的第二天，我要借助艺术深入研究人类的灵魂。以前通过触摸了解艺术，现在要一睹其风采了。最可喜的是，整个壮观的油画世界就要在我眼前揭开序幕了，里面有宁静、虔诚、宗教风格的意大利文艺复兴前的作品，也有热情奔放的现代画。对于拉斐尔、达·芬奇、提香以及伦勃朗的画作，我可要好好欣赏欣赏。我要贪婪地观赏维洛内萨的暖色画，专注地研究艾尔·格列柯的神秘画面，从柯罗那里领略大自然的新视觉。啊！对你们有眼能看的人来说，各个时代的艺术中有着多么丰富的意义和美感！

在这所艺术的殿堂里能停留的时间毕竟太短，我无法充分领略对你们敞开大门的伟大艺术世界的魅力,而只能获得浮面的印象。艺术家告诉我,要能真正深刻地鉴赏艺术,就得训练眼,就必须通过经验学会欣赏线条、构图、形态和色彩的价值。假如我能看得见,从事这么一种令人陶醉的研究,会给我多么大的幸福感啊! 但有人告诉我:对你们有眼睛可看的许多人来说,艺术的世界是一片黑暗,未曾开发,没有曙光。

大都会艺术博物馆里有欣赏美的金钥匙——那是一种往往被忽略的美。离开这儿,会让我恋恋不舍。诚然,小型博物馆里也有金钥匙,甚至连小博物馆书架上的藏书里亦有金钥匙。可我假想自己眼睛能看见,时间是有限的,故而自然要选择一个博物馆,里面的金钥匙能在最短的时间里打开最丰盛的艺术宝库。

恢复视力的第二天晚上,我要在戏剧院或电影院度过。即便现在,我也经常去看各种戏剧表演,但剧情需要由一个同伴拼写在我手上。我多么想亲眼看到哈姆雷特那迷人的形象,或者看一看在色彩艳丽的伊丽莎白时代布景中的风风火火的福斯塔夫! 我多么想欣赏优雅的哈姆雷特的一举一动,欣赏热忱的福斯塔夫那昂首阔步的样子! 可惜我只能看一出戏,这就叫我深深陷于窘境了,因为我想看的戏有好几十出呢。你们眼睛好的人,想看什么戏就看什么戏。

无论看戏、看电影，抑或欣赏景观，你们有神奇的视力，可以看到色彩、演员的风姿及其一举一动，但不知你们有多少人对此心存感激？

　　除非在我的手能触摸到的范围内，否则我无法欣赏动作的节奏之美。虽然我领略过节奏给我带来的欢乐——当音乐的振动靠地板传播时，我经常能感觉到它的节奏；可是对于巴甫洛娃优美的舞姿，我却只能模糊地想象一番。完全可以想得到：节奏感强的舞姿一定是世界上最叫人赏心悦目的画面。用手指触摸大理石雕像的线条，可以获得一些美的感受；这种静态美尚且令人动心，那么眼睛看到动态之美，该会怎样叫人销魂啊！

　　约翰·杰弗逊表演他心爱的角色瑞普·凡·温克的言谈举止时，曾允许我触摸他的脸和手。那是一段极为珍贵的记忆。于是，对于戏剧世界，我总算有了浅显的认识。我永远也忘不了那一瞬间给予我的欢乐。但是，唉，其中有多少细节我却无法看到。你们眼睛好的人在观看戏剧表演时，眼看动作、耳听台词，从中能获得多么大的乐趣啊！我读过或者说靠哑语字母了解过成百部剧本，现在哪怕是只能用眼睛观看一出戏，我的脑海里都可以想象得出那成百出戏剧里出现的情景。

　　就在这我想象自己能看得见的第二天晚上，由于看了一出戏,睡梦中便充满了平时靠手指读过的戏剧文学作品里的情景。

第三天

次日早上,我要再次迎接黎明,急切地去寻找新的欢乐。我坚信,凡是眼睛能看得见的人,每一天的来临都会对"美"有新的发现。

根据我幻想出现奇迹时所列的条件,这是我能看到东西的第三天,也是最后一天。此时无闲暇嗟叹后悔或想入非非——要看的东西太多了。第一天的时间用在了"朋友"身上——其中有人也有物。第二天用于了解人类和大自然的历史。而今天,我要寻一个饮食男女们常来常往的地方,在充满人间烟火的气氛里度过。在哪儿还可以找到像纽约这样熙熙攘攘、热热闹闹的地方呢!于是,纽约成了我的目的地。

我家住在长岛森林岗的郊区,那儿气氛宁静,到处绿草如茵、树荫似盖、鲜花盛开,一幢幢的小房子排列整齐。那儿荡漾着女人和孩子的欢声笑语,处处可见他们的身影,是那些在城市里拼搏的男人的安乐窝。从家中出发,我驾车穿过横跨东河的花边状钢铁大桥,以全新和惊诧的目光欣赏着强有力和具有独创性的人类大脑所创造的业绩。河面上的船只来来往往,机声隆隆,有如飞的快艇,也有呆头呆脑、喘着粗气的拖驳。假如我多有几天观察事物,我就来这里久久观赏河面上充满欢乐气氛的景象。

　　眺望前方,只见纽约的高楼大厦拔地而起,气势壮观——那城市像是从童话故事书里钻出来的。一幅令人咂舌的景象赫然出现——尖塔闪闪发光,石头和钢铁结构的楼房鳞次栉比,像是神仙一手创造出来的! 这幅生气勃勃的图景是千百万人每天生命的一部分。不知道到底有多少人会多它看一眼? 恐怕很少,人们的眼睛对这辉煌的景象会熟视无睹,因为这对他们来说太熟悉了。

　　我奔向那些庞大的建筑物,爬上其中的帝国大厦顶端。不久前,我通过秘书的眼睛从那儿"俯瞰"过这座城市。现在我急不可耐地要把自己的想象与现实做一比较。我坚信自己对眼前辽阔的景象不会失望的,因为那对我而言会是天堂美景。

接下来我开始游览这座城市。首先,我站在一个人群熙攘的街角,仅仅是要观察人们,争取从对他们的观察中了解他们的生活。看到笑容,我就感到高兴;看到沉着坚毅的表情,我就为同类感到骄傲;看到痛苦的神情,我就生出恻隐之心。

　　我漫步于第五大道,任目光漫游,不是盯着一个东西看,而是观赏色彩缤纷的大千世界。在人流里游动的女人穿红着绿,肯定是一幅美丽的景象,会让我百看不厌的。不过,我要是眼睛好,也许会跟大多数女人一样,只对自己衣服的款式及剪裁感兴趣,而不会注意人群中斑斓的色彩。而且,我肯定会积习成瘾,喜欢上逛商店,因为那儿陈列的商品琳琅满目,让人赏心悦目。

　　从第五大道我继续游览这座城市——派克大道、贫民窟、工厂以及儿童游乐的公园,都会留下我的足迹。我要参观外国居民区,权当"足不出国"的海外游。我要睁大眼睛观察所有的现象,既要看到幸福也要看到苦难,以深入了解和研究人们工作及生活的状况。我的心里会出现形形色色的人及事。对于细微的现象,我也不会"走马观花",而是"事无巨细"都仔细观察。有些现象令人惬意,使心里充满欢乐,而有些则是悲惨的,令人扼腕。对于悲惨现象,我绝不会闭上眼睛,因为这也是生活的一个组成部分。闭上眼睛漠不关心,就等于关闭了同情之心。

第三天眼看就要结束了。在剩下来的几个小时里,也许还有许多强烈的愿望需要实现,但恐怕在这最后一天的晚上我仍要跑到剧院里去看一出滑稽幽默的戏,从中欣赏人类精神宝库里喜剧的含蓄魅力。

午夜,我短暂的复明期就会结束,永恒的黑夜又会降临。短短的三天,自然不可能把所有自己想看的东西都看个遍。只有当黑暗又一次压来时,我才意识到有很多景象未及观赏。不过,我的脑海里已经充满了美好的回忆,无暇后悔嗟叹了。以后,用手每触摸到一件物品,都会勾起我美好的回忆,使我想起那件物品的形貌。

我对如何利用三天复明期进行了简单描述。假如你设想自己会突然失明,就会给自己订一个规划,而我的描述也许跟你的规划并不一致。但我相信,如果你真的要遭此厄运,你就会睁大眼睛观察以前没有留意的现象,为即将来临的长夜储备记忆。你会用前所未有的方式使用自己的眼睛,珍视自己所看到的一切。对于进入视野里的所有东西,你的眼睛都会"触摸"和"拥抱"。那时,你终于真正懂得了"看",于是一个全新的美丽世界将会在你的眼前徐徐展开。

我,一个盲人,可以给那些眼睛好的人一个提示——这是对想充分利用视力的人的一个忠告:就好像明天你会突然失明,好好利用你的双眼吧。这同样的方法也能用于其他的感觉上——就好像你明天会突然失聪,用心去听悦耳的乐声、鸟儿的啁啾、乐队演奏的雄壮曲调吧;仿佛你明天会丧失触觉,仔细抚摸每一件你想摸的东西吧;就好像明天你会永远失去嗅觉和味觉,劝你好好闻一闻花的芬芳,津津有味地品尝每一口食物。大自然通过各种各样的途径向你展示了这个世界上形形色色的欢乐和美,你应该最大限度地利用每一个感觉去享受。而在所有的感觉里,我坚信视觉是最能给人以欢乐的。

(全书完)